你不了解的资生堂

《第一财经》杂志·未来预想图 ／ 赵慧 主编

东方出版社

WELCOME。

TEAM · EDITORIAL & DESIGN

撰稿人 Correspondents

邢梦妮 Xing Mengni (Shanghai)

励蔚轩 Li Weixuan (Shanghai)

钟昂谷 Zhong Anggu (Tokyo)

刘小宇 Liu Xiaoyu (Tokyo)

陈紫雨 Chen Ziyu (Tokyo)

戴恬 Dai Tian (Tokyo)

季扬 Ji Yang (Tokyo)

江练 Jiang lian (Tokyo)

杨丁 Yang Ding (Beijing)

李梦郁 Li Mengyu (Beijing)

刘舒婷 Liu Shuting (Shanghai)

林绘 Lin Hui (Shanghai)

董思哲 Dong Sizhe (Shanghai)

费灿亚 Fei Canya (Hangzhou)

杨舒涵 Yang Shuhan (Jinhua)

摄影 Photographers

佐佐木谦一 Sasaki Kenichi (Tokyo)

季羽鑫 Ji Yuxin (Tokyo)

主编 Editor in chief

赵慧 Zhao Hui

—

编辑 Editor

肖文杰 Xiao Wenjie

—

视觉总监 Creative Director

戴喆骏 Dai Zhejun

—

设计总监 Design Director

徐春萌 Xu Chunmeng

—

新媒体设计总监
New Media Design Director

王方宏 Wang Fanghong

—

资深美术编辑 Senior Designer

景毅 Jing Yi

—

图片编辑 Photo Editor

王安娜 Wang Anna

—

插画 Illustrator

于珬 Yu Yang

胡纯纯 Hu Chunchun

—

图片后期制作 Photo Art

李靓 Li Liang

于海蓝 Yu Hailan

—

品牌经理 Branding Manager

俞培娟 Yu Peijuan

未标注版权图片部分，
资生堂相关照片分别由资生堂企业资料馆、
资生堂提供，其他来自视觉中国。

—

本书为《第一财经》杂志
"未来预想图"项目 品牌书系列·第二册
Branding Book Series of Dream Labo Project
YiMagazine·No.2

加入撰稿人团队，
请联系：
dreams@cbnweek.com

C O N T E N T S

图注索引
CD: Creative Director, 创意指导 **AD**: Art Director, 艺术指导 **D**: Designer, 设计师 **P**: Photographer, 摄影师
C: Copywriter, 文案 **I**: Illustrator, 插画师 **M**: Model, 模特

CONTENTS

为什么要
研究资生堂?

text / 赵慧

这是未来预想图 Branding Book 品牌书系列第二册。这个系列的图书,对品牌的核心选取标准为"熟悉的陌生人"。继上一册观察咖啡品牌 Blue Bottle Coffee 之后,我们这次将目光对准了资生堂。

对化妆品有些了解的读者当中,可能也会有资生堂的消费者。以消费者观察角度认知的资生堂,应该更多来自品牌角度——它与我们的生活息息相关。我们也曾尝试换一组受众,去询问那些在摄影、艺术设计、媒体甚至食品餐饮领域的人。他们听到资生堂这个名字时,眼睛开始闪闪发光。

"一定要写写看!"有人留言说。

读者们也许会被这句话吊起胃口: 到底是什么有意思的地方,让不同领域的人对资生堂这个品牌都涌起了兴趣? 当然,中间也是受疫情影响耽搁了采访进度,也因图片版权异常复杂,涉及资生堂、艺术家、模特、摄影师、制作人等多方版权确认与许可,我们前后花了两年时间研究、解答这个问题。

在人们熟悉的部分——化妆品领域,我们会弱化描述资生堂为旗下各品牌做的各类具体营销方式。在不同市场,打法不同,受众也不同,而且那也是大家更熟悉的、平日里可以感受得到的商战。在商业角度,我们更将目光瞄准了它所做的各种颠覆: 为什么要在药店引入苏打水制造机? 为什么会在日本开启了连锁店制度? 为什么成立了会员组织? 为什么要做企业内部杂志? 如果说,上面这几个策略都集中在上世纪最开始的三十年,你是否会更好奇它到底怎么就冲到各种现代商法的前面?

我们也在这本书里关注了一些让人兴奋的东西。刚刚那些眼里闪闪发光的人,把资生堂称为"不务正业"的化妆品品牌。因为它不仅开餐厅、卖甜点,旗下餐厅还有两家入选了米其林; 它还跟着银座一起振兴街区,品牌们可能会为选址绞尽脑汁,它则是跟着城市开发的浪潮把自己的店所在的街道变成了市中心; 它跟艺术界的人关系不错,扶持年轻艺术家发展,开办画廊,提供企业展示与艺术展示

赵慧

"未来预想图"主编，
《第一财经》杂志编委

的空间，早早与年轻的蔡国强建立了长期的合作关系，直至今日；它
还将企业文化志做成了行业标杆，在公司内部培养了一大批设计师，
等到他们在业界站稳脚跟甚至独立发展之后，资生堂本身也与设计
界建立了长久的合作关系。

就像是在不同领域里研究的人，手里总会有一些线索，或者是他们
喜欢的某个前辈、某个给自己带来深刻影响的人，或者是某次看到
的项目或者作品，这些线索汇集到一起，或多或少与一个化妆品品
牌产生了关联。这真的是挺神奇的一件事。

所以我们深入资生堂，询问那些让人好奇的项目或者作品背后的故
事。在资生堂内部，我们依次采访了资生堂集团社长鱼谷雅彦、首
席创意官山本尚美、SHISEIDO PARLOUR 社长石龟佳幸、资生
堂价值创造本部 ART&HERITAGE 室长兼资生堂企业文化志《花
椿》主编住佳织衣。为平衡视角，我们也询问了不少资生堂"外部人
士"在不同领域的看法。曾任日本生活方式杂志 POPEYE 主编，
现任迅销集团创意总监的木下孝浩愿意与我们谈谈他心中的杂志
与企业文化志；艺术家蔡国强也与我们谈了谈他如何与资生堂相
识；"熊本熊制造者"水野学跟我们分享了他会欣赏怎样的设计；曾
在资生堂做过广告文案与制作人的内田今朝雄，则跟我们聊起了他
是如何在资生堂做广告的。这些人与故事就如同不同角度的拼图，
帮我们还原出一个"你不了解的资生堂"。

另外，资生堂品牌创立于 1872 年，一个创立 150 周年的品牌如何
保存旗下的文化资产？这些资产又能产生怎样的价值？很多公司试
图寻找通往百年公司的路径，也许资生堂的做法能为他们提供一些
启发。Ⓜ

GINZA 8-8-15

photo／佐佐木陳一

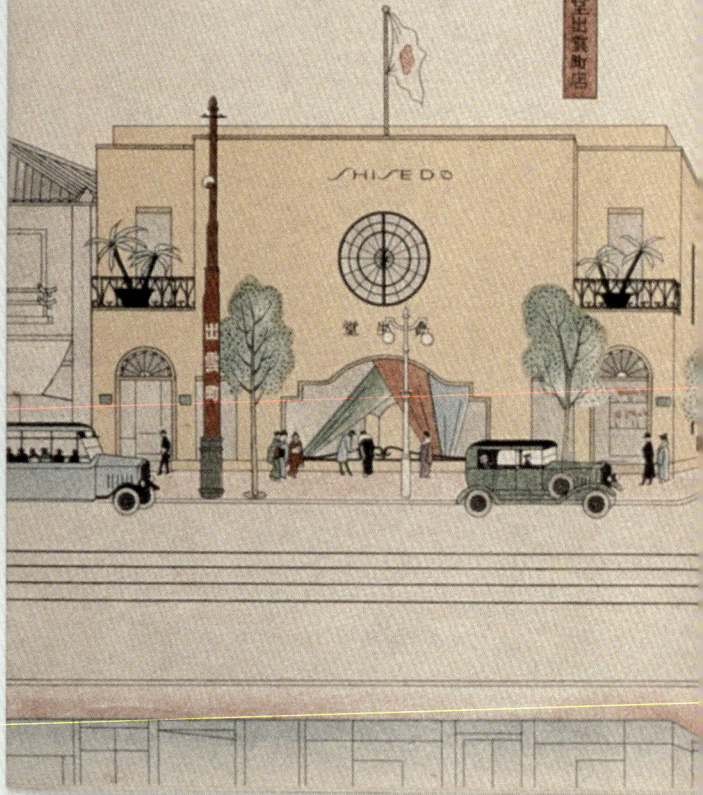

銀　座
資生堂
御案内

資生堂出張店

SHISEDO

《银座资生堂案内》，1929。

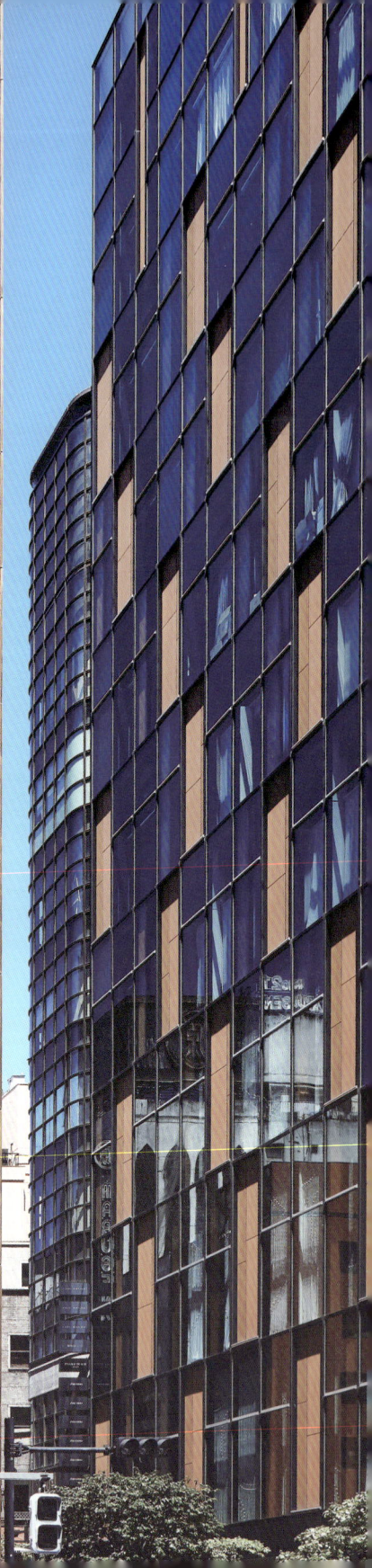

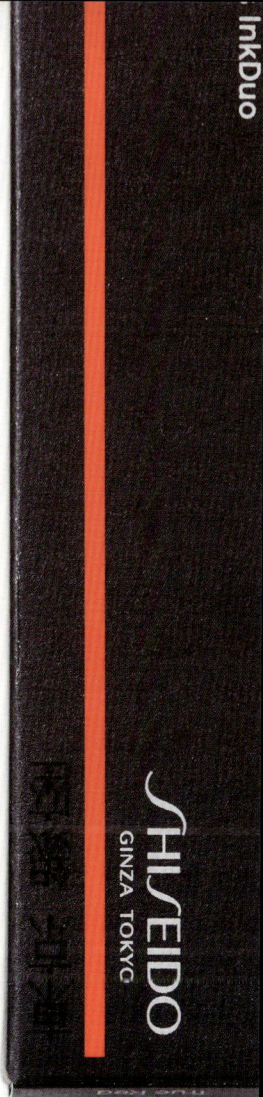

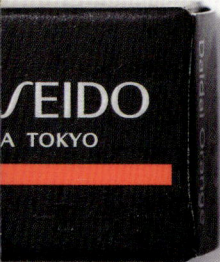

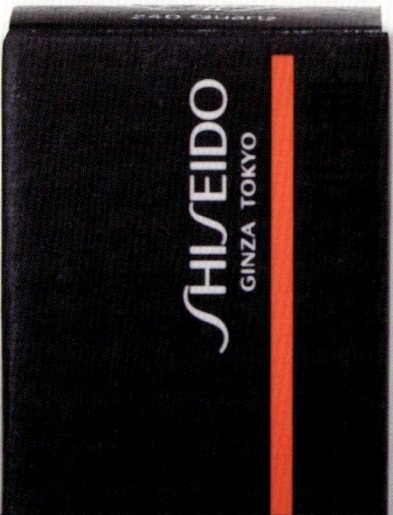

photo／佐佐木謙一

银座之秋,《资生堂画报》,1933 年 9 月号。

你真的了解资生堂吗?

text／邢梦妮

过去的一百五十年间,
资生堂把无数个"第一次"带到了日本。

不少逛过东京银座街区的人，可能遇到过这样的怪事：走进资生堂位于银座八丁目的红砖大楼，却发现一楼卖甜品、伴手礼，其余楼层则是餐厅、咖啡馆、酒吧和画廊，没有半点化妆品的影子。

当然，他们没有走错——这栋大楼的确属于资生堂，但好像又在做与"日本老牌化妆品集团"这个定位不太一样的事。

资生堂是日本著名的化妆品集团，旗下拥有包括 SHISEIDO、Clé de Peau Beauté、NARS 等在内的 30 多个品牌，产品销往全世界 85 个国家和地区——换句话说，你几乎在哪儿都能看到它。

2022 年，资生堂已经 150 岁了。一个历史悠久的成功品牌，无疑会在行业内树立新标准，资生堂也不例外。日本曾对世界的剧变一无所知，而资生堂作为先驱，为这个国家带去了无数个"第一次"。

一切要从一场大火和一座火车站说起。1872 年，可能是时任东京都知事的由利公正又喜又忧的一年——喜的是，火车终于驶进了东京新桥站，毗邻的银座也跟着热闹起来，无数商户在那里设店；忧的是，早春的东京发生了一场特大火灾，令他对满城的木建筑感到坐立不安。

于是，新桥到银座一带，成了东京政府的"试验场"，吹进了一股来自异邦的文明开化之风。英国建筑师托马斯·沃特斯（Thomas James Waters）接受了由利公正的委托，重新规划市中心，拓宽街道——最重要的是，他必须使用不易燃建材。由此，银座面貌大变，红砖洋房林立，从新桥下车的人们，总会光顾这片陌生却又美丽的炼瓦街。

看上新桥和银座的可不止由利公正。同年，一家药店在接壤新桥的出云町开张了。老板福原有信当过海军医院的药房长。叫病人们摸不着头脑的是，他们想抓汉方药，福原有信开出的却是谁也没见过的药片和胶囊，还像医生似的嘱咐他们来复查。

这家药店的招牌上写着"资生堂"，名字源于《易经》中的"至哉坤元，万物资生"。

这是日本第一家向老百姓开放的西式药店，第一家销售育毛剂、牙膏，也是第一家生产并销售苏打水和冰淇淋的店铺。当时，资生堂推出了一款化妆水"红色蜜露"，却没有继续扩张生意。

真正奠定资生堂艺术品位的人，是福原有信的第三个儿子——福原信三，他赴美攻读医药学位，还去纽约药店工作，考察化妆品工厂，后来又在父亲的建议下游历欧洲。

福原信三一直怀揣艺术梦。尚在纽约时，他与就读美术学校的川岛理一郎私交甚密，而欧洲之行，让他得以整日托着相机游走在巴黎、伦敦、维也纳、罗马等古城街头，到画廊和博物馆欣赏钟意的作品，拜访并结识了一批旅欧的日本艺术家。

与此同时，地球另一端的日本迎来了标志着民主自由的大正时代。原本以低矮木建筑为主的城市逐渐改变风貌，拥有近代都市景观的银座一马当先，开出多家咖啡店，俨然是凡·高画中的塞纳河左岸。文人墨客不再坐在榻榻米上，而是以咖啡会友，倚靠着吧台高谈阔论。

求学归来的福原信三，要在这片土地上大展身手。1916 年，他主持的资生堂化妆品部在邻近银座的京桥竹川町开张，就位于药品饮料部旁边。

客人走进那栋洋房，很难立刻了然该从哪儿下手。1 层如同咖啡馆，排列着数十张桌椅，四壁的商品陈列柜中摆着日本第一款由本国人独立研发的香水、第一款按摩霜。2 层的空间挂着西洋装饰画，商品像睡美人一样躺在玻璃隔板下。同一栋楼里，不仅有售货员，还穿行着背负画板的年轻人和白大褂医生。

除了销售部门，化妆品部下设负责资生堂美术设计的意匠部*，以及研发新品、拍摄广告的实验室。福原信三把 2 层的陈列空间借给挚友川岛理一郎，供他办首次个人展览，还布置了产自爪哇岛的面料，供客人参观——这就是资生堂画廊的前身。

不出几年，资生堂又有了新的发展方向。在意匠部成员三须裕的提议下，2 层设立了美容科、美发科、童装科，俗称"三科"。三须裕设计的发型"遮耳式"，通过在全国各地开办的资生堂美发展示会，走进了日本各地的家庭。女性们惊喜地发觉，只是把头发烫卷，气质就能发生那么大的变化。资生堂所引领的西洋风尚，与大正时代欣欣向荣的都市大众文化相契合，紧紧抓住了她们的心。

变故发生在 1923 年 9 月 1 日。关东大地震撞上台风登陆，恰逢炊烟袅袅的正午，地震引发的大火一发不可收拾，前后共摧毁五十多万幢房屋，东京市中心 6 区几乎损毁殆尽，银座引以为豪的炼瓦街也悉数倒塌，灾难殃及资生堂的店铺、餐厅、事务所、仓库和工厂。

一度象征着日本现代都市文化的银座，在大正末期——20 世纪 30 年代作为高级商店街"复活"。福原信三积极参与银座的灾后重建，说服其他商家加盟，要把银座变成"像纽约第五大道一般壮观、像巴黎香榭丽舍大道一样繁华的东洋第一商业圈"。

那时，银座拥有六百多家咖啡店和酒吧，大型百货商店松坂屋、松屋在此相继开业，建起屋顶动物园、水族馆，新潮的电影院和剧场也盯上了这里。与路面电车并行的，是来来往往的免费接驳巴士，运来乐于前来消遣的市民。

*综合各类资料，资生堂设计部门有过意匠部、宣传文化部、宣传部、宣传制作部、宣传设计部、创意本部等多种称谓。为方便读者理解，本书中我们统一按照以下时间节点划分称谓：二战前，统称为"意匠部"；20 世纪 50 年代至 2017 年，统称为"宣传部"；2018 年至 2021 年，统称为"创意本部"。2022 年起，创意本部独立为资生堂旗下子公司。

资生堂株式会社首任社长福原信三，其父福原有信创立了日本第一家向普通市民开放的西式药店——"资生堂"。

不久,银座的房地产租金跃居全国第一,规模也从 4 个大街区扩大到 8 个,街区编号从四丁目扩增到八丁目。资生堂老店所在的出云町、竹川町,也并入新街区银座七丁目、八丁目。新建成的资生堂化妆品部、西餐厅 SHISEIDO PARLOUR,在这条街上备受瞩目。

资生堂从西式药店全面转型为化妆品股份制公司,福原信三担任董事长。他首次在日本引入美国连锁店制度,大力推行定价销售。也就是说,从此以后,无论在哪里,消费者都能以相同的价格买到资生堂的产品。

这一策略均衡了经销商与零售商的利润分成,商家纷纷支持,也便于公司统一管理。震灾次年,资生堂在全国已有将近 2000 个门店或分销柜台。为开拓市场,资生堂还面向全国招募"资生堂小姐",她们向试妆的客人推销产品,并在全国巡回宣传。

说起全国销售网,就不得不提到资生堂的企业文化志《花椿》——这本享誉世界的杂志总是走在时尚潮流前端,其前身是资生堂的企业内刊《资生堂月报》。只要客人愿意,就能从各地的资生堂柜台免费取阅。

《资生堂月报》也是日本化妆品行业的首本时尚杂志。侨居法国的西洋画画家川岛理一郎担任通信员,将街头的时髦女郎画成插图,发给编辑部撰编成册。和巴黎同步潮流,这在日本还是头一遭,能做到这点的资生堂,在消费者心目中已然成了"高大上"的代名词。

虽然在推广烫发上大获成功,但资生堂还得让更多保守的日本人为巴黎时尚买

01

02

03

01 资生堂出云町店(现东京银座资生堂大楼)外观设计图,川岛理一郎(D),1923。
02 资生堂出云町店咖啡厅入口设计图,川岛理一郎(D),1923。
03 资生堂出云町店(药品部、饮料部,左,现东京银座资生堂大楼)/竹川町店(化妆品部,右,现 FUKUHARA GINZA 大楼)外观,约 1916 年。
04 被资生堂竹川町店(化妆品部)橱窗吸引的行人们。
05 资生堂竹川町店(化妆品部)内部,1916。
06 资生堂竹川町店(化妆品部)外观,1916。
07 锦绘《东京银座要路炼瓦石造真图》,一曜斋国辉(二代目歌川国辉)(D),1873。

04

05

06

07

01

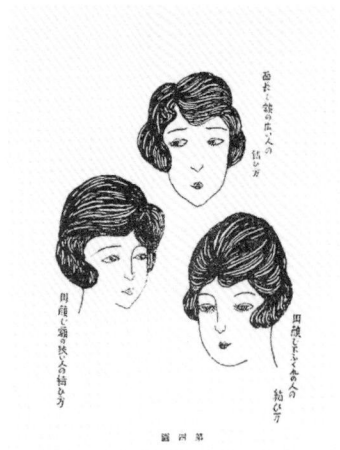

02

01 银座街头掠影（摩登少女），《资生堂月报》，
1926 年 5 月号。
02 遮耳发式图，《洋式发型编法与头发护理》
（洋髪の結び方と髪の手入れ），三须裕（著），
1925。

*唐草纹，也就是蔓草纹，一种在中国文化中具有
吉祥意义的植物纹样，描绘藤蔓向四周延展扩散
的样貌，带有蔓草延展滋生、绵延不绝的意义。

单。在深受西洋文化冲击的银座乃至全日
本，"和洋折衷"成了一大热门议题，随之
涌现的是洋装短发的摩登女郎（Modern
Girl）和职业女性—— 她们是资生堂的主
要客群。

《资生堂月报》刊载巴黎时尚、产品广告的
同时，还配合自家西餐厅，推出西洋菜谱，
发挥了不小的影响力。1933 年，《资生堂
月报》改名为《资生堂画报》，后来又更名为
《花椿》，一直沿用至今。

《花椿》之名源自资生堂的品牌商标——双
生蕾山茶花。福原信三与资生堂意匠部一
起敲定了初代花椿的模板，设计灵感脱胎
自资生堂第一支同名香水。

在日本还尚未形成品牌意识的年代，资生
堂已有意统一视觉风格，孕育了罗马字体的
"SHISEIDO"标志和唐草花纹*。不单单
是品牌标志，字体、包装、广告、策展创意、
内部装潢中也都有意匠部活跃的身姿，让人
一看就恍然大悟"这肯定是资生堂"。资生
堂是日本商业美术的先驱。

1941 年日本实行战时体制，各地工厂面临
原料不足的窘境，化妆品被视为奢侈品，各
项经营活动遭到禁止。资生堂转而生产日
化品、药品与文具。

1949 年资生堂于东京交易所上市，步入
新的时代。日本重视基建，经济持续复苏，
家家户户都开上了汽车，用上了冰箱彩电。
1978 年，日本的 GDP 产值超越苏联，这
也使日本成为世界第二大经济体。生活条件
一好，人们就十分在意精神面貌，化妆品消
费一路高升，一度占到总消费支出的 1%。
资生堂化妆品大受欢迎。

本土市场前景光明，但资生堂还有扩张计划，先是往意大利销售产品，接着出资在夏威夷成立首个海外销售公司，以全日本第一个在海外拍摄的沙滩防晒广告，吹响了扩张的号角。20 世纪 70 年代，资生堂先后在美国本土、意大利、新加坡、泰国、新西兰等国家成立子公司。

有意思的是，意匠部传承的美学，相隔数十年，帮到了福原家族的第三代——福原义春，他当时位于开拓法国市场的最前线。资生堂的美术风格源于巴黎，但他还不知道法国人到底会用什么眼光看待此事，于是决定起用法国艺术家、时尚摄影师瑟吉·卢丹诗（Serge Lutens）为资生堂设计品牌形象。

没想到，比起精心制作的最新海报，合作方对早期的海报更感兴趣。福原义春误打误撞地打破了僵局——原本无人知晓的资生堂，在巴黎广告美术馆、卢浮宫装饰美术馆分别举办了两场广告美术展，顿时名声大噪。

卢浮宫装饰美术馆的工作人员相当欣赏资生堂。"资生堂的设计不是新派艺术，是具有装饰艺术风格（Art Deco）的独特设计。欧洲风格的设计是三维的，而你们的设计就像浮世绘那样，是二维的。"

意匠部不乏从巴黎归来、学习欧洲艺术的成员。过了半个世纪，他们留下的美术作品竟会在巴黎展出，甚至积淀为资生堂的品牌形象，一举打开了市场。

福原义春提出"文化资本"概念，决定在资生堂内设立一个"确认、应用、积蓄企业内部文化以及管理未来文化发展方向"的企业文化部，它要完成的第一项任务，就是编撰《资生堂画廊七十五年史》。

策划各种企业文化展览，也是企业文化部的工作。例如 1998 年的"美与知与文化基因"（资生堂主办，东京）、2000年的"Face to Face: SHISEIDO and Manufacture of Beauty, 1900 — 2000"（纽约大学格瑞美术馆主办）、2007 年的"福原信三与美术与资生堂"（世田谷美术馆主办，东京）、2010 年的"千姿美人"（资生堂主办，上海）等。

你或许已经注意到，上述的展览地里出现了上海。其实，资生堂早在 1980 年就来到了中国，但过程和去别国不太一样。

最初由北京市第一轻工业局（以下简称"一轻局"）牵头，邀请资生堂负责人来华。福原义春在自传《我的多轨人生》中回忆道："当时的北京，尚处于丁丁人一面身着中山装的时代，也没有什么化妆品。市区百货商店的化妆品柜台上，雪花膏是用塑料口袋称着卖的。"

经过与一轻局的磋商，友谊商店成了资生堂入华的第一步，面向驻华外国人销售六十多种原装进口商品。最终，资生堂与北京市签订生产技术合作协议，提供技术支持，由一轻局下辖的工厂生产符合当地需求的日化品。

一轻局有意引进化妆品生产技术，直接为资生堂品牌服务，但福原义春判断，进入中国市场为时尚早——这里还没什么人习惯化妆。一轻局提议创立新品牌，并冠名"日本资生堂提供技术制品"。福原义春一口答应，认为这能为日后铺路。

资生堂创业 100 周年时的企业广告。广告语意为: 花蕾成了花, 春天也已至数百年
（つぼみは花に。春をかぞえて百年）。水野卓史（AD,D）, 山名文夫（I）。

就这样，"华姿"品牌诞生了。华，取自"中华人民共和国"；姿，则指姿色，契合化妆品的性质。在大力发展重工业的 20 世纪 80 年代，中国化妆品市场还未开蒙，华姿随即拔得头筹，还被定为亚运会指定化妆品之一。

福原义春出于普及化妆知识的考虑，还买过中央电视台 15 分钟的广告播放权，播出美容科制作的产品宣传录像。对于中国来说，这还是第一个美容广告。

资生堂还不急着进军中国。1991 年，资生堂与北京丽源成立合资公司，后来又到上海成立合资公司。资生堂为中国量身定制了包括欧珀莱（AUPRES）、泊美（PURE & MILD）、悠莱（URARA）等一系列大众美妆品牌，其中，泊美是资生堂品牌发展在华消费者渠道的敲门砖。

20 世纪 90 年代，日本戳破楼市泡沫，陷入经济危机，资生堂通过海外扩张，抵消了负面影响。继法国之后，资生堂涉足德国、澳大利亚、英国等市场，收购香水、沙龙业务，而韩国、越南、泰国等亚洲国家，也有了资生堂的足迹。

2001年，砖红色的东京银座资生堂大楼完工，内部主要提供餐饮服务——摘得米其林三星的法式餐厅 L'OSIER，以及销售招牌苏打水、冰淇淋的咖啡厅 SHISEIDO PARLOUR。大楼正对着资生堂综合美容设施 SHISEIDO THE GINZA，一如曾经只隔一条街的资生堂化妆品部和药品部。

这家百年老字号不得不面对岁数带来的麻烦。公司运营变得不太灵光，层层叠叠的构造导致汇报效率低下，他们也发现，二十年间迅猛扩张的海外生意，意味着管理开局就是困难模式。把视线转回日本，经济危机让人们不再热衷于消费，过去的忠实拥趸都已老去，公司却不怎么做新宣传，年轻人也吐槽，这是"老太太才用的化妆品"。

大楼开业的头年，资生堂就吃了赤字，随后的一年，财报也显示亏损。公司做了一轮产品升级，但治标不治本——2011 年，手握普通股的股东们可得的净利润，只有上一年的一半。资生堂营收增长率连续十年稳定在 1%，相当于没怎么增长。

再不改变，资生堂有可能被时代淘汰。公司相中了即将退休的鱼谷雅彦——他曾相继在外企、日企担任高级管理人员，并为可口可乐成立了新的供应链管理部门，推出饮料"酷儿"。鱼谷雅彦接受了任命，承诺道：

资生堂药局开业报纸广告，1877。

"资生堂会成为未来五十年乃至一百年内最伟大的跨国企业之一。"

从日本公司向跨国集团转型，正是资生堂需要跨越的难关。鱼谷雅彦提出"日本制造，制胜全球"的理念，执行 VISION 2020 六年战略，成立日本、中国、美国、欧洲、亚洲以及旅游零售 6 个业务总部，日本总部无须事事过问。

业绩增长的重心，主要放在包括 SHISEIDO、Clé de Peau Beauté、bareMinerals、NARS、IPSA、Laura Mercier 等在内的 9 个核心高端品牌上。支持这几个品牌时时上新的，是资生堂占收

入比重 3% 的研发费用。人才培养上，鱼谷雅彦强调管理层的女性占比要达到 40%，同时改革"工龄越长，薪资越多"的年功序列制度，给年轻人才让位。

资生堂一改先前的保守态度，投资旅游零售、电商、跨境电商领域，请当红的年轻明星代言，在社交网站上投放广告，举办各种活动——其中，你可能对火到在日本药妆店限购的"安耐晒"防晒霜有点印象。这家老牌企业也不打算放弃年轻客群，推出以 INTEGRATE、MAJOLICA MAJORCA 为代表的年轻产品线。

离 2020 年还差三年，鱼谷雅彦就提前完

资生堂在静冈县挂川市设立了资生堂企业资料馆，展示着公司的代表产品、包装设计、海报、广告视频，甚至还有销售员的服饰。

成了 1 万亿日元（约合 630 亿元人民币）*的销售目标。目前，资生堂已有六成营收来自海外市场。因为 2020 年的疫情，公司的销售额较上一年减少了 1000 亿日元（约合 63 亿元人民币）*。鱼谷雅彦提出了新的"WIN 2023"战略——意思是资生堂将会在 2023 年"完全复兴"。他计划把目光放远到 2030 年，让资生堂转型为一家"皮肤美容公司"，未来达到净销售额 1 万亿日元、营收率 15% 的目标。

资生堂已经动起来了——2021 年 1 月，它向美国私募巨头 CVC 出售了部分个人护理业务。接下来，资生堂打算重组品牌矩阵，在中国建成"第二个总部"，在电商方面花更多力气。这家改变过日本人生活方式的化妆品跨国集团，有了新的目标。Ⓜ

*按照 2020 年 12 月的平均汇率计算。

资生堂 Cold Cream，小型橱窗海报，前田贡（D），1926—1928。

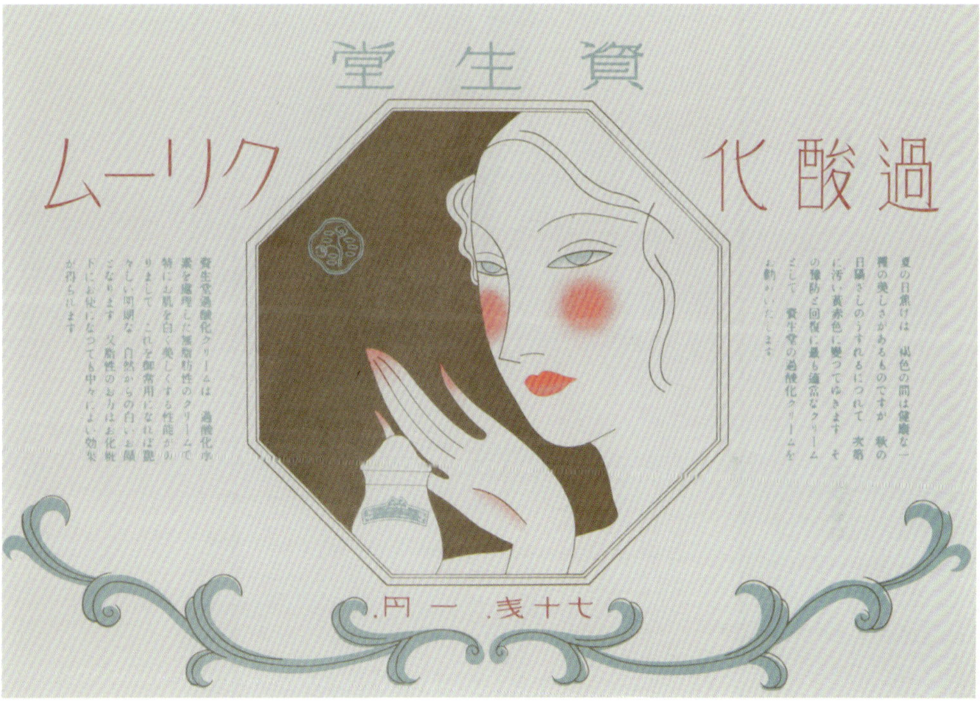

Peroxide Cream，海报，前田贡（D），1930 年前后。

资生堂肥皂，报纸广告，山名文夫（D），1936。

资生堂七色粉白粉，杂志广告，山名文夫（D），1937。

生き生きとした　個性美をつくる魅力の色調!

色の美しさ・つきのよさ

資生堂口紅 200円

ドルックス口紅　（5色）　400円
ゾートス口紅　（3色）　300円

資生堂化粧品は各地の資生堂チエインストア並に有名百貨店でお買求め下さい

資生堂口紅，杂志广告，1955。

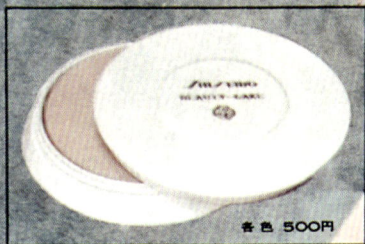

帰宅後に
鏡をごらんなさい

ビューティケイクをお使いのかたなら
まだお化粧はくずれていないでしょう
汗ばむ季節でも、脂性の肌の上でも、
大へん長もちのする独特の油性白粉で
すから。肌へのツキがよく、厚化粧に
もならず、粉っぽくもならず、自然な
美しさに仕上がります。

資生堂ビューティケイク

各色 500円

⑬ ⑫ ⑪ ③ ② ①
クレイ ピンク ピンク系 アムバー オークル オークル系
      ラッシェル   フレッシュ

資生堂化粧品は資生堂チェインストアか有名デパートでお求め下さい

资生堂 Beauty Cake, 杂志广告, 水野卓史（D）, 1961。

35

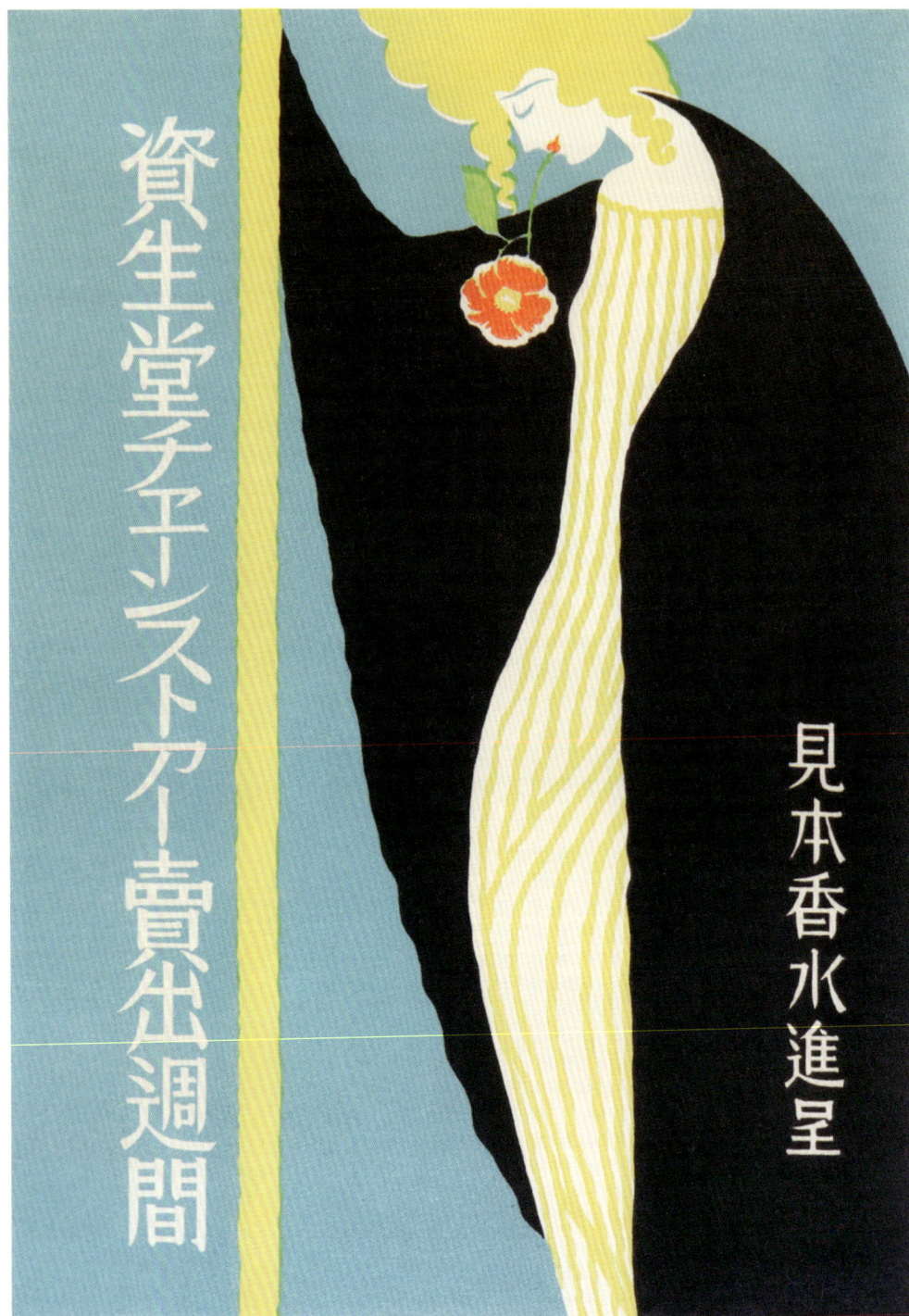

资生堂连锁店海报，矢部季（CD，AD，D），1925。

资生堂如何一步步
确立设计风格?

text / 励蔚轩

一个不断改进却沿用至今的 logo,
一组几乎成为入社新人研修必经之路的专属字体,
一连串不断颠覆的美学风格。
那些在日本设计史上占有一席之地的设计师,
也在资生堂留下了属于不同时代的美学印记。

1917 年, 从纽约大学毕业的松本升, 还在东京日本桥三越百货本店工作。时任资生堂经营者的福原信三, 挖来了这位在美国念书时志同道合的朋友, 并请他出任业务经理一职。公司运营、销售几乎全部交给松本升, 福原信三则担起了企业形象和产品风格设计的重任。

作为资生堂创始人福原有信的三儿子, 因长兄病弱、二兄早逝, 福原信三遵循父亲意愿继承家业。中学时期, 他热衷美术, 师从日本西洋画家小林万吾。听父亲说将来不妨一边工作、一边画画, 他打消了进美术学校的念头。在哥伦比亚大学药学部研修后, 他又在纽约附近一家化妆品工厂工作了两年。归国前, 他探访欧洲各国, 观摩留欧日本艺术家的作品。

在欧美的经历让福原信三充分接触到海外繁荣的广告与设计文化。装饰性很强、美感中带有韵律的"新艺术"风格, 以及机器时代催生的、偏爱几何图样的现代装饰艺术, 都影响了他后来的设计思路。

福原信三很看重艺术和文化对一家企业的影响。1915 年, 接手资生堂之初, 他就亲自设计了"花椿"标志——类似于现在的公司logo。作此设计, 不仅因为"花椿香氛发油"是资生堂当时卖得最好

1920 年前后的意匠部成员。前排右侧开始依次是小村雪岱、福原信辰，中排右侧开始依次是井汲清治、福原信三、水木京太、川岛理一郎，后排右侧开始依次是福原信义、末川清香、石井诚。

的产品之一，他也考虑了公司的整体形象。之前以雕刻风格呈现的老鹰徽纹，代表着力量与质感，有早先明治时代的氛围；而简笔画的山茶花图案，则充满芬芳、温柔的女性气质，突出了公司产品的清新形象，与 1912 年后的大正时代相呼应。

翌年，福原信三将化妆品业务从资生堂药局中独立出来，在东京银座竹川町成立化妆品部。在这座砖结构大楼的 3 层，他创设了最初的"意匠部"，也就是设计部，负责商品的外包装及广告等商业美术设计。短短五年间，初代意匠部已经集合了矢部季、小村雪岱、川岛理一郎等艺术家与设计师。

部门成立伊始，仍在东京美术学校（现东

唐草图案新年报纸广告，1919。

资生堂 PRIOR 唐草图案，山名文夫（D），1961。

资生堂 Deluxe 唐草图案，山名文夫（I），1951。

京艺术大学）日本画科就读的矢部季，应福原信三之请参与设计。他修改了"花椿"标志：简化叶子的形状，将叶片数量减少到 7 片，并强调了标志外围弯曲的几何轮廓线。这已经比较接近"花椿"今天的模样了。

矢部季是象征派诗人，也为诗集绘制插画。他的黑白线条唯美而怪诞，来源于英国艺术家奥伯利·比亚兹莱*（Aubrey Beardsley）。王尔德戏剧《莎乐美》的插画就是后者的成名作。资生堂甚至专门订购比亚兹莱的画集，以研究企业形象设计。

在职八年间，矢部季广泛运用这一风格。在比亚兹莱作品基础上设计的资生堂藤蔓花纹包装纸，像一张中国剪纸。花卉、草叶等"新艺术派"喜爱的纹理，繁复地交织在一起，黑色则被改成喜庆的大红色，彰显了福原信三为资生堂所定的"丰富（Rich）"基调。后来加入意匠部的泽令花、前田贡等人修改了这一图案，并将它运用在资生堂雪花膏、"Deluxe"系列高级护肤品等的外包装上。

藤蔓花纹包装纸中央，写着资生堂的英文"SHISEIDO"。1923 年，福原信三号召"创造店铺文字"。矢部季最早参与了资生堂英文、日文字体设计。英文字体后经泽令花等几任设计师修改，添入了更多"新艺术"风格。其中两个"S"被拉得更为细长，如同草叶纹理。

日文字体则在矢部季的设计基础上，更多体现小村雪岱的风格。受浮世绘画家铃木春信的影响，小村雪岱的作品极简自然，通

*奥伯利·比亚兹莱（Aubrey Beardsley），活跃于 19 世纪的英国插画艺术家，唯美主义运动的先驱。对线条运用出色，画风诡秘、颓废、华丽。

20 世纪 20 年代, 资生堂曾推出过不同设计的火柴盒, 以宣传公司品牌与产品 (花朵图案设计年代不详)。

常只有最低限度的线描与设色。从美术杂志社 "国华社" 辞职后, 他失去了书籍装帧工作的稳定收入。资生堂给了他一份比较清闲的生计。除了发挥专长, 为福原信三发起编纂的《银座》一书装帧、绘制封面与插图外, 小村雪岱还参考宋版本《寒山诗集》的字体, 初步设计了资生堂的日文字体。

1923 年的关东大地震, 震 "断" 了这项事业。小村雪岱随后离开资生堂。震后两年, 意匠部的 "中坚力量" 也几乎换了一次血。

为了重建事业, 福原信三招聘高木长叶进社, 担任意匠部部长, 并再度邀请老朋友川岛理一郎担任意匠部特聘人员。后者除了持续为资生堂提供来自时尚前沿巴黎的潮流信息之外, 还绘制了震后资生堂临时建筑的设计图。泽令花、前田贡等人相继加

入，第二期意匠部基本构建起来。

小村雪岱虽已离职，资生堂的日文字体仍基于他的画风继续改良。他在作画时拉长了人物的身材比例，用曲线画出高瘦的形象。后继者将这种日本画美感融入了资生堂的字体风格，日文字逐渐演变成目前长宽比 10∶8 的高瘦形态。以"堂"字为例，原本"口"占比很大，视觉重心较低，整个字看上去像个"硬汉"。随着字体的视觉重心拔高，它变得更像一位身材修长的女子。

多番修改后，资生堂的日文和英文字体分别在 1927 年年底和 1928 年成型，由前田贡书写，部长高木长叶定案。1928 年，"SHISEIDO"字样挂在了新落成的银座资生堂大楼正面，日文字体也广泛用于资生堂画廊的展示牌、喫茶部的菜单及报纸杂志广告上。

后一年，泽令花离开时，福原信三请他举荐合适的人选。赋闲在大阪老家的插画师山名文夫受邀奔赴东京。他曾在一家出版社工作，为《女性》《苦乐》两本杂志绘制插图。不想，受竞争对手打击，杂志废刊，山名文夫也跟着失业了。

在出版社养成的设计能力，可以活用到以"新艺术"为基础的资生堂设计当中。山名文夫以他的"比亚兹莱"（英国插画家）画风，在企业内刊《资生堂月报》上创造了一个个"现代女孩"形象。以女性为对象的产品，可以用女性形象去讲故事。山名文夫用画笔勾勒出流畅、纤细的女性轮廓，并将脸部细节极简化，唯独突出一双眼睛。线条以外，只有剪影或留白。

意匠部部长高木长叶曾在同时期的《资生堂月报》中写道，自己在观察银座资生堂前的行人时发现，人们只是将流行元素七拼八凑地穿戴在身上而并未展现任何美感。普通人有意尝试让新式西洋装扮与传统和式装扮相互碰撞，但仍畏手畏脚。山名文夫在设计中融合了西方女性的前卫和东方女性的典雅，打开了时尚格局。

第二次世界大战爆发之前的 1935 年年底，前田贡辞职，高木长叶也辞职去疗养，意匠部人手不足，连福原信三都将座位挪到了意匠部，工作时间几乎都待在部内。当时，山名文夫创立个人广告工作室却运营困难，因而在一家面向海外市场的摄影社——"日本工房"工作。山名文夫也在此时应邀复职。

战争期间，为节省资源，资生堂第三代企业内刊《花椿》中止发行，玻璃包装改为陶制、纸质或铝制。海报也简化了构图和颜色——福原信三提出的设计之"丰富"性，似乎一蹶不振。资生堂寺岛工场、制药工场及化学研究所都被炸毁，银座街区也经历多次空袭。

战后振兴由时任资生堂社长的松本升主持。1948 年，福原信三去世，山名文夫又一次回到意匠部。他的风格直到战后初期，都持续影响着资生堂的设计，特别是将"花椿"标志定稿，将线条抽象的藤蔓花草图案融入女性头像的秀发里等。确立"资生堂腔调"的同时，他也为传统设计画上了句号。

战后初期，资生堂的广告海报依然以插画为主，但其他公司的设计师已经开始使用摄影技术。同时，百货商店里面，欧美化妆品公司的彩妆产品光鲜亮丽，大搞促销。东京美术学校设计科毕业的中村诚于 1949 年

1916

1917

1918

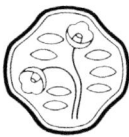

This trademark was
registered in 1919.

1974

资生堂 logo 图案是社长手绘的?

"资生堂"这一公司名来自中国的《易经》。资生堂最初从西洋药房起家,认为公司是以站在时代前列的西方药学为基础,那么公司名就应沿袭东方哲学传统,以求结合东西方文化与智慧。

资生堂的"花椿"图形 logo,最早是以初代社长福原信三描绘的草案为基础,由资生堂意匠部加以修改并设计而成。矢部季简化了叶子的形状,将叶片数量减少到 7 片,并强调了标志外围弯曲的几何轮廓线。这已经比较接近"花椿"今天的模样了。之后历经几次细微调整,花椿 logo 在 1919 年确定设计形态,被注册为商标并沿用至今。

资生堂有一套专属字体?

1923 年, 资生堂在报纸与书籍里广泛使用的公司 logo, 用的还是明朝体铅字。福原信三号召"创造店铺文字", 让字体更具有资生堂气质。当时的意匠部成员们翻阅了不少中国古典书籍。小村雪岱参考宋版本《寒山诗集》的字体, 初步设计了资生堂的日文字体。此后, 这组字体不断改良, 资生堂的设计师们将日本画美感融入, 让它们逐渐从重心偏低的坚实形态演变成目前长宽比 10 : 8 的修长形态。这组设计最终在 1927 年定型, 之后, 广泛应用于资生堂的商品包装、店铺招牌、餐厅菜单、画廊、媒体广告等多种场景。资生堂的新人设计师的研修生涯也都要从学习手绘资生堂字体开始。

至于英文 logo, 拼写沿用了资生堂的日文罗马字拼法, 意匠部的矢部季将"SHISEIDO"中的两个"S"向右倾斜, "O"向左倾斜, 维持了这个单词整体的平衡。后来, 经过泽令花等几任设计师修改, 增添了更多"新艺术"风格。其中两个"S"被拉得更为细长, 如同草叶纹理。这套英文字体最终在 1928 年确定, 在当年落成的资生堂化妆品店以及 SHISEIDO PARLOUR 正面公司 logo 处正式启用。

加入资生堂意匠部。他意识到,光走老路可能不行。

20 世纪 50 年代以后,随着摄影、印刷等媒介的发展,年轻一代的设计师创造出了一种打破传统"资生堂腔调"的新设计风格。不是违逆传统,而是加强和拓展这种风格的"反资生堂腔调"横空出世了。

资生堂传统的工作模式是,设计师画好自己负责的插图就算大功告成。除印刷外,设计都是独立作业。想有所改变的中村诚,将平面设计从"画图时代"带进了"以照片为素材"的"写真时代"。在他主导下,摄影师横须贺功光,设计师村濑秀明、石冈瑛子和松永真等人分工合作,差不多组成了一个"商业片"团队。

在把影像引入广告设计的过程中,中村诚的风格仍可以看出传统特性,比如通过磨砂和手绘画框等形式,用插图风格来表现照片。但在选材上,他做了一些大胆的尝试。1966 年,中村诚选用当时年仅 18 岁的女演员前田美波里拍摄夏日宣传海报。在一幅名为《被太阳所爱》的作品中,身着白色泳衣的前田美波里趴在海滩上,小麦色肌肤格外惹眼。松永真在书中写道,讨论资生堂塑造的这一形象,在当时"已经成了一种社会现象"。

20 世纪 70 年代,中村诚起用超模山口小夜子拍摄海报。日本设计大师永井一正曾说,她像浮世绘画师喜多川歌麿笔下的美人,有着细长上挑的眼角、浓艳的红唇和雪白的肌肤,给人留下"日本女性之美"的鲜明印象。尤其是她身着和服的东瀛人偶造型,让资生堂瞬间从一众欧美品牌的包围中跳脱出来。

山口小夜子是亚洲模特圈中最早在巴黎、纽约等顶尖时装秀上登台亮相的人之一。她牵线搭桥,连起了中村诚和法国设计大师卢

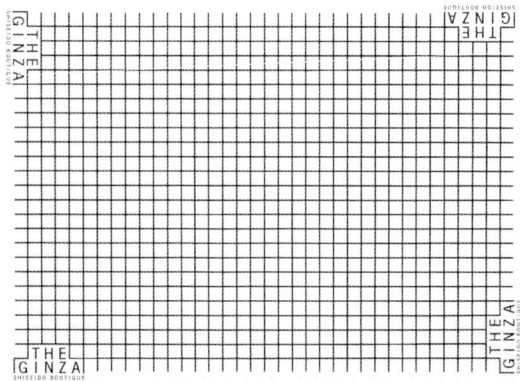

资生堂旗下 THE GINZA 品牌的包装纸纹样,由仲条正义设计,简洁却又让人印象深刻。

资生堂 Cold Cream 橱窗陈列，1936。

资生堂面霜橱窗陈列，1948。

资生堂夏季化妆品橱窗陈列, 1966。

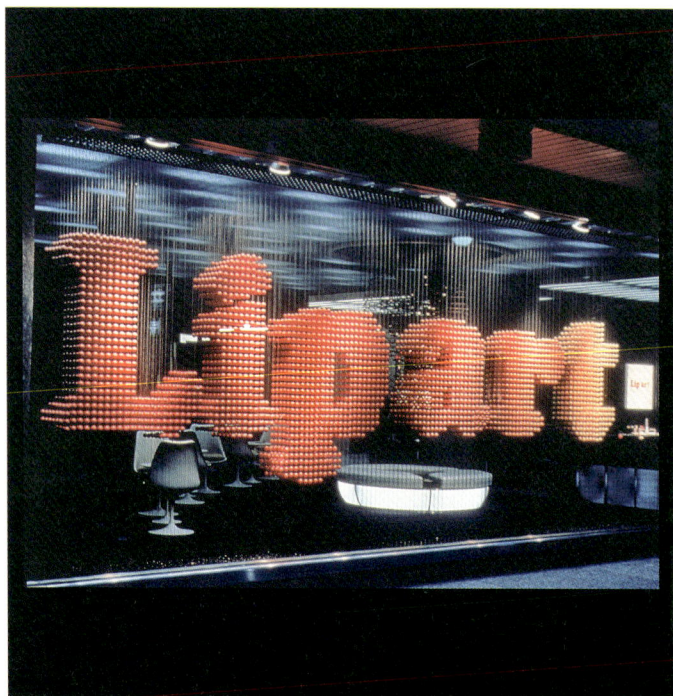

资生堂总部大楼橱窗陈列 "Lip Art", 1967。

丹诗。

"所有的事情都挤在同一时间发生了。"当时负责资生堂海外事业拓展的福原义春在自传《我的多轨人生》中回忆说。他是福原信三的侄子。开拓法国市场时，经山口小夜子介绍，形象和造型设计大师瑟吉·卢丹诗（Serge Lutens）表示"希望参与资生堂的事业"，因为资生堂在战前的商品和海报设计打动了他。

在此之前，卢丹诗已签约迪奥，开发美妆产品线。但他告诉福原义春，自己准备取消合约，寻求新的合作。为不泄露信息，两人初次密谈之后，卢丹诗便提交了一份与资生堂合作十年的企划书，助其在法国打响品牌，并以最少宣传费用实现最佳宣传效果。福原义春担心资生堂无法承担聘请人才的高昂费用，好在时任总经理的山本吉兵卫求贤心切，当即批准了这份合作计划。

在欧美品牌占主导的化妆品市场，资生堂的异域情调可以带来一丝新鲜感，却难以获得西方女性的长久认同。为方便辨识，资生堂直接选用罗马字"SHISEIDO"作为图案化商标。曾经从欧洲"进口"的装饰艺术，如今开始向巴黎"逆出口"。

广告宣传中，卢丹诗将欧洲古典主义和唯美主义与资生堂自身的东方唯美艺术气息融合，创造了一个个西方外表下具有东方灵魂的女性形象。福原义春说："资生堂的形象在五年之内就为整个巴黎家喻户晓。"某种程度上，这种流行就像 18 世纪，以平面感著称的日本浮世绘在欧洲受到欢迎一样。

这个时期，除了打开国外市场，资生堂宣传部还在推进《花椿》的复刊。仲条正义比中村诚晚几年加入宣传部，当时 21 岁的他还有点叛逆：公司要求 8 点上班，但他扛不住困意；公司要求新员工先学写"资生堂字体"，他又不服气。做了三年，他就跳槽去了另一家公司。很快，他又成了自由设计师，成立了自己的设计事务所，直到《花椿》邀请他回归。

四十年，480 期杂志。担任《花椿》艺术总监的仲条正义说："为了防止形成惯例，每隔一年到三年，我就会推翻一切，做出全新的改变。"

有人问"谁是你的英雄""谁影响过你"，仲条正义的回答都是"毕加索"。他设计中的几何线条带有强烈的现代风格，不受传统设计形态的束缚，杂志中的女孩古怪又有趣。他说自己在凌晨 3 点至 5 点最容易产生灵感，这个时候也最容易说服别人——显然大家都太困了。

尽管成了新一代的"改变者"，仲条正义却对日本生活方式杂志 BRUTUS 表示过，"革命性的新事物诞生在 20 世纪 50年代"。

在他之后，接任《花椿》艺术总监的涩谷克彦，也在获得日本平面设计届最高荣誉"龟仓雄策奖"时肯定了中村诚的设计，并表示，前辈设计师们之所以能创造出藤蔓花纹这样的作品，是因为他们相信"永恒的美"。那一年，涩谷克彦的获奖作品恰是他为《花椿》设计的一组资生堂品牌形象海报。从具有现代感的黑白线条中，还能隐隐看出"比亚兹莱"的遗风。

一百多年了，隐在幕后的设计部门，串起了资生堂的生命线。Ⓜ

Designers × 10

这 10 位设计师既有自己的设计生涯,
也与资生堂的发展紧密相关,
他们奠定或延展着资生堂在不同时期的设计风格。

text／励蔚轩

本部分中出现的"意匠部""宣传部""宣传文化部"等,
是资生堂设计部门在不同时期的名称,它的具体沿革可见 p.20 的注释。

矢
部
季

矢部季毕业于东京美术学校(现东京艺术大学)日本画科。他是资生堂意匠部初期成员,设计领域包括展示橱窗、海报、广告、杂志插画、化妆品外盒包装等。此外,矢部季也是日本象征诗派诗人,与该流派代表人物北原白秋熟识。

受新艺术运动和比亚兹莱*风格的影响,矢部季醉心于流畅、洗练的曲线。作品中多有黑白剪影的人像或剪纸般的花纹出现,后者逐步成为资生堂设计风格的代表。

*奥伯利·比亚兹莱(Aubrey Beardsley),活跃于 19 世纪的英国插画艺术家,唯美主义运动的先驱。对线条运用出色,画风诡秘、颓废、华丽。

唐草图案包装纸，矢部季（D），1924。

資生堂白粉海报, 矢部季（D）, 1925。

资生堂红色蜜露海报, 矢部季（CD, AD, D）, 1925。

小村雪岱

从东京美术学校日本画科毕业后，小村雪岱加入美术杂志社"国华社"，两年后辞职。1914 年，小村雪岱因为作家泉镜花的作品《日本桥》绘制插画和装帧而成名。除在资生堂意匠部工作外，小村雪岱一直活跃于插画与舞台美术领域。

因其日本画科出身，又受到比亚兹莱风格的影响，小村雪岱的设计自然率性，不加矫饰，人物形象充满浮世绘般的平面设计感。因影响了资生堂的字体设计，小村雪岱被后来的意匠部成员山本武夫称为"奠定资生堂风格基础的人"。

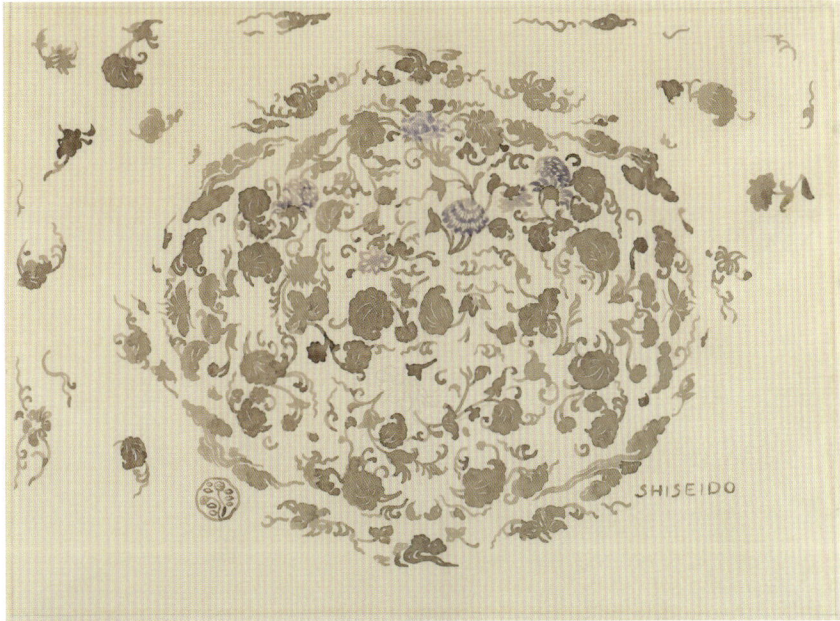

唐草图案包装纸，小村雪岱（D），年代不详。

福原信三制作的书籍《银座》封面设计，小村雪岱（D，装帧），1921。

《银座》内页插画，小村雪岱（I），1921。

泽
令
花

1925 年, 泽令花加入资生堂意匠部。到
1929 年离开公司之前, 泽令花修改了资生
堂化妆品包装纸的藤蔓花草纹路, 并加上
"花椿"的图样。泽令花也参与了英文和日
文两种广告文字标志的设计过程。

受新艺术运动的启发, 泽令花的设计中充满
花卉、植物等的曲线图案。在其海报作品中,
可以看到身着当季服装的优雅、感性的女
性。他影响了 20 世纪 20 年代后半叶资生
堂宣传品上女性形象的设计风格。

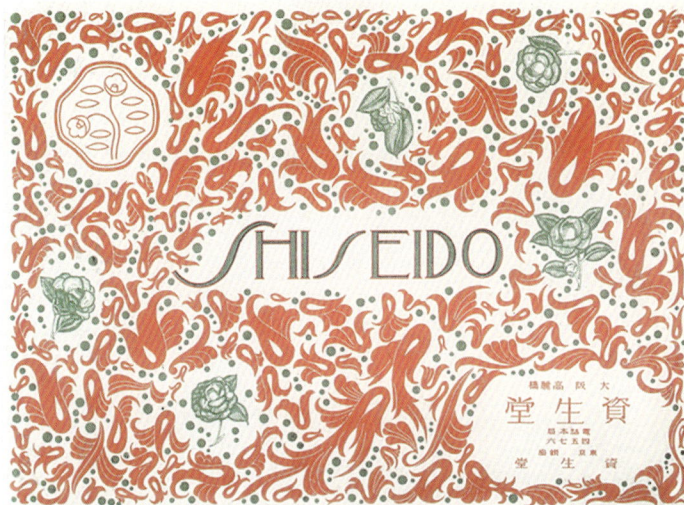

唐草图案包装纸，泽令花（D），1927。

Eau De Neige 海报，泽令花（D），1926。

前
田
贡

1926 年，前田贡从柏拉图出版社跳槽到资
生堂，从事海报、包装、商品标签等物品设
计。他和时任部长的高木长叶搭档，建构了
1925 年后意匠部第二期的基本风格。他也
为资生堂日文及英文的字体设计、藤蔓花草
图案设计作出了贡献。

前田贡的设计以简明的几何图案打破单一的
构图，并且突破了横纵布局的平衡。优美的
曲线及资生堂标志性的"唐草纹"*也在他
的设计中出现。他所描画的女性形象，脖颈
修长，头发卷曲飘逸，为配色温和的色块所
包围。

*唐草纹，也就是蔓草纹，一种在中国文化中具有吉祥
意义的植物纹样，描绘藤蔓向四周延展扩散的样貌，带
有蔓草延展滋生、绵延不绝的意义。

资生堂红色蜜露小型橱窗海报，前田贡（D），1926。

资生堂 Almond Milk，前田贡（D），1926 年前后。

资生堂 Deluxe Cold Cream，前田贡（D），1932，前田贡在当时资生堂旗下这个最高端产品线上完成了唐草图案的里程碑式设计。

资生堂 Almond Milk 小型橱窗海报, 前田贡 (D), 1926 年前后。

山名文夫

山名文夫从小受比亚兹莱、日本画家竹久梦二等人影响，开始习画。进入资生堂前，他在柏拉图出版社工作，也为杂志连载插画。1929 年后，山名文夫三进三出资生堂意匠部。20 世纪 50 年代，他与著名平面设计师龟仓雄策、早川良雄等人设立"日本宣传美术会"，并担任第一任委员长。60 年代，他设立日本设计师学院并担任首任院长。

山名文夫作品中的女性明亮而优雅。他通常简化女性的面部特征，只强调炯炯有神的眼睛。他画的线条极富张力，形式极为简洁，凸显了飘逸的衣衫与修长的身材。他的图形样式直到战后初期都与资生堂的风格紧密相连。

Petite Exposition d' Ayao Ⅱ，山名文夫（Ⅰ），1939。

资生堂 Modern Colour Face Powder, 山名文夫 (D), 1932。

唐草图案包装纸, 山名文夫 (D), 熊田千佳慕 (花椿图案-D), 1972。

资生堂香水报纸杂志广告, 山名文夫 (D), 1960。

宣传用团扇，山名文夫（D），1932。

资生堂化妆品海报原画，山名文夫（I），1955。

私家版作品集 *PROFILE* 原画, 山名文夫（I）, 1973。

中
村
诚

从东京美术学校设计科毕业后，中村诚加入了资生堂。1969 年，中村诚担任宣传部制作室室长，1977 年任宣传部部长。因在设计中打破插画主导的旧有模式，大胆加入照片素材，他设计的资生堂海报走在了战后日本平面设计的最前端。

中村诚既保留了日本战前海报的传统风格，又开拓了平面设计的新领域。职业初期，以照片为主的海报依然带有插画风格。后来，他与其他设计师一道，运用大胆的排版和特写、扭曲照片等独特表现手法，突出人物的表情，加深了画面的空间感。

资生堂夏季粉底 Beauty Cake 海报，广告词为"被太阳爱上吧"（太陽に愛されよう），中村诚（AD），石冈瑛子（D），前田美波里（M），犬山达四郎（C），横须贺功光（P），1966。

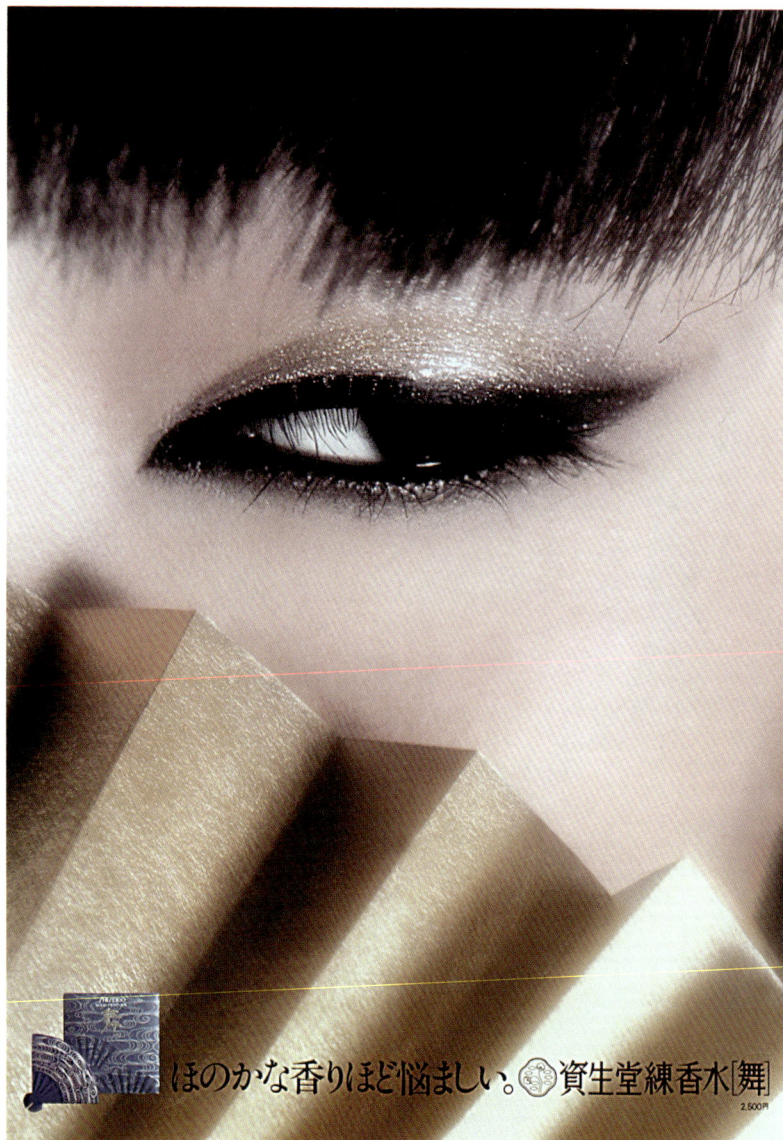

资生堂固体香膏"舞"海报, 广告词为"微香亦诱人"（ほのかな香りほど悩ましい）, 中村诚（AD, D）, 山口小夜子（M）, 内田今朝雄（C）, 横须贺功光（P）, 1978。

恋がつもって咲かせたかほりは何色ですか 資生堂香水[すずろ]

资生堂香水"漫"（すずろ）海报，广告词为"爱情累积盛开的香味是什么颜色"（恋がつもって咲かせたかほりは何色ですか），中村诚（AD，D），山口小夜子（M），小野田隆雄（C），横须贺功光（P），1981。

水野卓史

水野卓史的父亲是日本画家。水野卓史从高中开始学习设计, 1955 年从多摩美术大学毕业后, 进入资生堂大阪分社宣传部。四年后调至东京, 与山名文夫相识, 并与中村诚、土屋耕一等人在宣传广告领域并肩工作。20 世纪 60 年代, 他赴海外留学, 学习美国、法国、意大利等地的包装设计和广告创意, 并将学到的经验带回公司, 确立了资生堂的时尚风格。他于 1980 年离职, 次年成立自己的设计工作室。

水野卓史善于用纤细、流畅的线条描画女性插画。他笔下的女性容貌在资生堂历史上颇具代表性。他既是"资生堂腔调"集大成者山名文夫的忠实继承者, 又是当时走在最前列的创造者。他的设计遵循"人最本真的美"。

资生堂口红海报，中村诚（AD），水野卓史（D），1962。

资生堂口红海报，中村诚（AD），水野卓史（D），1963。

资生堂 MG5 海报, 水野卓史 (AD), 久保襄介 (D), 团时朗 (M), 安达洋次郎 (P), 1968。

资生堂眼影海报，水野卓史（AD），花内勇（D），山口小夜子（M），横须贺功光（P），1973。

仲条正义

仲条正义 1956 年从东京艺术大学美术学部图案科毕业后, 就进入了资生堂宣传部。三年后跳槽, 翌年成为独立设计师, 随后成立个人设计事务所。1968 年, 仲条正义回归资生堂, 为企业内刊《花椿》做设计。1970 年起, 他正式担任《花椿》的艺术总监, 一做就是四十年。

仲条正义在艺术创意上不断推陈出新, 以鲜明的配色、几何式的构图和毫不含蓄的线条打破了资生堂的传统设计风格。《花椿》的封面女孩个性十足, 常常超越世俗的审美标准。仲条正义还设计了 SHISEIDO PARLOUR (资生堂餐饮事业) 的商标与包装, 以及东京银座资生堂大楼的商标与标识。

SHISEIDO PARLOUR 银座本店点心限定包装，仲条正义（D）。

瑟吉·卢丹诗

1942 年，卢丹诗出生于法国里尔。他 14 岁就在当地一家美发沙龙当学徒。据称，学徒生涯深刻影响了他后来的美学风格。随后，他开始接触化妆和摄影，让朋友充当自己的模特。20 岁，他搬到巴黎，从事化妆、发型和珠宝设计。25 岁时，他加入迪奥（Christian Dior），开发彩妆产品线。20 世纪 80 年代，他加入资生堂宣传部，在资生堂品牌国际化的过程中起到重要作用。1980 年，他配合资生堂全球化发展策略，设计出一个在漆黑背景下宛如怀抱红日的游泳女性广告海报（右侧），画面简洁，有视觉冲击力。该圆形设计其后也作为基本元素被反复使用。他的海报中常有带着戏剧性妆造的艺伎或舞女形象。一系列与东方美学结合、神秘怪诞的前卫设计，成就了资生堂的欧洲之路。此后，他还为资生堂重新设计了"红色蜜露"的瓶身。2000 年，他创立以自己名字命名的香水品牌"芦丹氏"。

BEAUTE SOINS PARFUMS 海报，瑟吉·卢丹诗／花内勇（CD），瑟吉·卢丹诗／天野几雄（AD），天野几雄（D），瑟吉·卢丹诗
（P，C），1980。

涩谷克彦

涩谷克彦 1981 年从东京艺术大学美术学部设计科毕业后，加入资生堂宣传部，主要负责资生堂化妆品广告和企业广告的创意策划。2012 年，他开始担任《花椿》的艺术总监。五年后离职，转任女子美术大学教授。

涩谷克彦的作品中，有一种让人无法抗拒的挑逗性。神秘奇幻、超现实的摄影风格，让《花椿》在视觉上更为现代，为其注入崭新的浪漫气质。

photo／荒木经惟

未来唐草，渋谷克彦（D）
©Shiseido Co.,Ltd.。

Yamamoto Naomi

山本尚美*

资生堂设计部的秘密

text／赵慧 photo／资生堂

·············

*资生堂执行董事，首席创意官。1987 年毕业于武藏野美术大学，进入资生堂，一边负责橱窗设计，
一边担任广告设计艺术总监。曾任资生堂宣传设计部部长，2018 年起担任现职。

从意匠部到创意本部，
每个人都会问: 资生堂风格到底是什么?

Q = 未来预想图 (Dream Labo)
Y = 山本尚美 (Yamamoto Naomi)

Q: 1916 年，资生堂成立了其他公司都没有的"意匠部"。后来它又叫过宣传部、创意本部。为什么会有这些叫法上的差异?

Y: 意匠部的工作主要是负责化妆品容器的设计，或者橱窗的设计，总的来说就是集中于物体的设计。到了 20 世纪六七十年代，日本处于经济高速成长期，那时候有很多大型营销活动，也会有很多电视广告或者制作各种音乐，可以说是一个"宣传的时代"。因为是利用宣传效果，提升资生堂的企业形象，所以当时用了"宣传部"或者"宣传制作部"这个名字。

之后随着时代的发展，我们关注的重心也在发生变化。最近十年，我们使用了"宣传设计部"这个名字。我们对宣传的认识，和社会对宣传这个词的定义也渐渐开始变得不一样。但是，我们还是带有让人们了解更多新的东西的责任与愿景，而且我们也不是媒体属性，而是设计属性，所以最后用了"宣传设计部"这个名字。

我们使用创意本部这个名称则是从 2018 年开始。当时正值社会向数码时代转型，宣传开始具有社交属性，普通人也能发布信息，所以我们在想，是否可以从创意的角度去思考信息的发布。我们觉得创意是一个最大的概念——当然设计也是一个大的概念，像是设计品牌、设计人生这种用法，而从全球视角来看，创意指的是有创造性的人通过提出某些想法去创造一些新东西，因此，我们现在用了"创意本部"这个名字。

01

02

photo / Iino Taihei

01 资生堂银座大楼 1 层橱窗常常结合内部连接办公空间的公共空间，成为各种创意的展示场。2015 年，这里展示了一个装置"超越"，它是以设计师涩谷克彦为资生堂设计的字体为原型的立体化展示。
02 2019 年，资生堂举办了资生堂唐草原画展，1 层橱窗部分也展示出一系列唐草花纹。

Q：成立一百余年，对你们部门来说，资生堂风格如何延续？什么产生了变化？有什么是不变的吗？

Y：有一个词叫"资生堂らしさ"（指"带有资生堂风格的"），是一个在很长时间里我们都潜移默化接受的概念。在我进入资生堂的时候，大家会说，啊，这个有资生堂风格，或者那个没有资生堂风格。一些典型的使用场景会是：起用商业模特的时候，大家会说这个人是不是"有资生堂风格"；或者看（海报）设计版型、看某个资生堂产品的时候，也会用这个说法。这个词是在潜移默化中大家常用的词，也会有人不明白它是什么意思，所以我们也实际分析过，这个"资生堂风格"到底是什么。

Style 这个词不是指"样式"，而是指时刻创新。视觉性的也好，颠覆性的也好，这都不算是资生堂风格。我们是要一直持续做一些事情，其中一些一直不变的东西可能会让有些人厌倦或者劣化，那就要有一些变化，但也不是大的变化，而是跟随时代变化作出调整与创新，同时不去改变那些根本的原创性的东西。

如果把以前设计的唐草图案拿出来重新设计，现在可能有些设计师会觉得这个"不像资生堂风格"，驳回这种提案。那么现代的唐草到底是什么样的？比如可以用电脑制图设计去绘制新的唐草图案，用新技术去实现这种带有资生堂风格的做法和挑战。我们也和索尼公司聊过这个话题，索尼也有"ソニーらしい"（指"带有索尼风格的"）这个词，这也是深埋于索尼 DNA 里的东西。资生堂风格也深埋于资生堂的产品、服务与文化里。

资生堂名誉会长福原义春提出的作用与反

作用的说法,也可以用在这里。我们制作了一个还挺可靠的产品,但它也存在着收到"不像资生堂风格"这种反馈的可能。比如我们有一个和 Pokémon 合作的安耐晒产品,有人会质疑说,这不过就是把 Pokémon 形象拿过来合作而已,但其实这种合作,可能和从 Pokémon 品牌角度考虑的合作是完全不同的。资生堂在和很多形象——比如 Hello Kitty 或者迪士尼——做品牌联名的时候,都会稍微加一些变化,试着投一投变化球,同时也在坚持着资生堂自己的风格。

现在我们再去看"资生堂风格",可能会觉得是一个经典的感觉,但在当时很可能是一个崭新的概念。比如在一片全黑色的广告里做一个全白色的广告,这好像是惊世骇俗之事,但是资生堂就可以用柔软的姿态去实现它,这就是资生堂的风格。

Q:资生堂内部会有跟设计师们详细说明这种"资生堂风格"的设计导则吗?

Y:各品牌内部会有相应的品牌 guideline (指导准则)。但如何去解读这些准则是需要技术的,必须明确它面向谁、目的为何。资生堂整体是没有这种导则的,但是我们针对资生堂字体有一套标准。即便如此,不同人去书写同一个词语都会有不同的表现。所以对我们的设计师来说,资生堂风格需要自己去习得体会,而不能是别人教给你让你去学的东西。

Q:资生堂宣传部曾经有过很大胆的想法——只花很少篇幅表现产品,更多表现海报创意。为什么会有这种设计决策?为什么当时资生堂能够接受这种设计决策?现在再看,这种做法放到今天还会有效果吗?

Y:可能这是 20 世纪 50 年代到 60 年代广告制作的一种流行风潮。有一家叫 DDB 的广告公司为大众汽车做了一系列广告,当时资生堂也受到了美式广告的影响。仅仅表现商品的话,消费者会感到很烦,商品也就没有办法区别化。如果不在广告上多下功夫,消费者就不会对这个广告感兴趣。当时也是电视广告媒体兴盛的时代,品牌们都想在众多广告中更显眼一点,大家就会对广告的形

01

02

03

©2021 Shiseido Co.,Ltd.

01 2017 年 2 月，为吸引年轻人的注意，资生堂宣传部在新宿地铁站内做了一轮 "MAJOLICA MUSEUM" 视频推广，视觉上的体验会让人觉得是 "浮在空中的魔法产品"。

02 同样在这一年，资生堂联合 Google，推出面向视觉障碍者的 "Braille Nails" 项目。资生堂设计出不同的美甲图案，搭配挂在身上的识别设备。视觉障碍者只要对着识别设备的摄像头伸出大拇指上的美甲片，设备就会用语音提示眼前是什么样的景象。

03 2019 年，资生堂创意本部为纪念日本推出新年号 "令和"，为 "香水·白粉" 产品套装设计了包装与报纸广告。这组设计也在朝日广告赏、读卖广告大赏等多项广告比赛中获得了奖项。

态特别注意。DDB 在广告里用了余白的概念，这本来也是日本对 "美意识" 的一种思考方法，同时也是资生堂的设计师们非常有意识想要表现的事——如今也是如此。

至于现在，已经不是这种广告的时代了。和顾客、社会该有怎样的 "接触点"，做法已经大不一样。如今会想如何在数码社交环境里制作广告，获得创意业界的认可。现在越来越多的人已经不太阅读报纸、杂志，甚至电视也不太看了，此时即便再努力制作非常棒的作品，它的影响力可能也很有限。比起去制作那些奇袭型的作品，我们现在更想解决的问题是，如何在一个数码的、社交的环境里向大众传达信息。

Q: 资生堂的广告由自己的设计部门设计，这在日本其他公司构架里并不常见。在你看来其最主要的优势是什么? 会有哪些挑战?

Y: 是的，就历史上看，在日本，很少有公司像资生堂这样在内部设置意匠部这类部门——当然现在已经不少见了。但是包含所有设计种类、人数众多的设计团队，就不那么多见了。像资生堂这样，从产品到包装，既有空间与 VMD（店铺视觉陈列）设计，也有平面设计、广告制作、网页这 3 种设计形态的公司，在日本国内也是很少见——产品这块，很多公司内部还能有设计部，因为公司内部累积了很多设计的 know-how（专业诀窍）；广告制作方面，大部分公司会委托外部广告公司制作。

但在海外，还是有很多公司把设计放在内部来完成，其中一个理由是 "data driven"（数据驱动），制作内容的时候，会重复利用顾客数据，把握顾客动向，然后将其用于

85

制作更好的内容, 完成与顾客的接触。在公司内部, CRM (顾客关系管理) 团队会和设计团队一起配合工作。比起 "顾客不喜欢这个广告, 把它撤下来吧" 这类做法, 如今更会采用 "顾客们在关注什么、没在关注什么" 这类 communication design (沟通设计) 的思考方式。在某种意义上, 与以往的内部设计部门相比, 如今创意领域的职能也在不断扩大。

如今的资生堂, 有产品, 有店面, 我们还有很多销售员, 并非完全通过电商营业, 所以创造出与顾客们实际接触的体验会非常重要, 之后也会想要在社交网络中, 与顾客们在虚拟空间里创造接触体验。目前在广告领域, 我们的挑战是: 我们的确开始持续制作内容, 但是否创造了这个体验, 现在还在探索中。

Q: 如果为不同市场做设计, 资生堂的创意本部会怎么做? 有什么会提醒你们的设计团队特别注意的吗?

Y: 我们不仅做化妆品相关的设计工作, 也做过一些很有实验性的工作。日本岩手县有一个醉仙酒造, 他们做了很多很好喝的日本酒。他们向资生堂提出, 请资生堂创意本部去为他们设计一款日本酒的包装, 这对我们也是一个初次体验的挑战。

我实际参加了这个项目, 项目组由 3 个人组成, 去岩手县酒造现场听取了很多意见, 其中还有一个故事。岩手县大船渡市正好位于山与海之间, 那里有一个 "冰上神社"。醉仙酒造一直使用冰上山的水源制造日本酒。山上也好, 海里也好, 有很多依靠这些水源生活着的动物, 这些要素就成为那次包装设计的灵感来源。我们的同事也说, 这是

01

资生堂创意本部也做过一些很有实验性的工作, 他们为岩手县的醉仙酒造设计了一款日本酒的包装 (01), 也和车企马自达公司一起推出过面向男性消费者的香水 (02)。

一次非常有趣的经验。负责这个项目的设计师还说,从种米开始到酿酒作业的过程花了一年,这个灵感也应用到了包装设计中,酒瓶外那个米白色的设计其实就是大米的颜色,就是因为他们一直在跟米打交道,所以希望把米白色放进设计里。酒瓶设计上,虽然日本酒酒瓶有很多种规格,但这里用了香槟酒瓶的设计。这里稍微有一些"资生堂风格",仅使用"和风"概念并不算是什么创新,而是将西洋要素与日本元素结合在一起表现新意。另外,这次的产品当中,从大米到包装使用的和纸,都是岩手县本地生产的产品。

另外,我们还和车企马自达公司一起推出了香水。因为是汽车公司,马自达的男性顾客相对更多,他们觉得开车的乐趣是"迎风疾驰"。但和香氛有关的事就不是他们的专业领域了。所以由资生堂香料领域的专业人士与设计部门共同合作,为马自达做了提案。最终制成的产品,稍微往上推一下金属盖,就可以把盖子拿下来,是个非常有机械感的产品。这也是应马自达需求,以强有力的男性为目标客群而制作的香水商品,资生堂内部倒是不常做这个风格的产品。

这类项目虽然数量还不多,但我们也感受到了某些可能性: 设计创意并非只能在化妆品领域实现,我们可以观察很多事物并制作出它们的形态。我们即便没有制造汽车或者家电的技术,但因为我们所做的事,还有产品的触感,可以和人们产生共鸣,改变人们的心情。这也许能创造出新的商业机会。

Q: 刚刚说的外部联名,还有这种企业之间的新合作,可以看作资生堂创意本部以后两个方向的新商业机会吗?

Y: 与 Pokémon、迪士尼、Hello Kitty 这类形象有关的合作,其实还是市场部门主导的。创意本部必须意识到联名产品和品牌既有形象的关联,也就是说,资生堂旗下某个品牌如果与这个形象合作,联名产品一定不能离该品牌既有顾客太远,这就是刚才说的,我们不会原样使用合作形象,资生堂的设计师会将其加以资生堂风格的变化。这种做法虽然也说得上是一种生意,但是成本非常高,比起设计,更多是要靠市场部门的力量。

至于与酒类或香水产品的合作,既展现了我们的技术能力,也体现了我们在"美意识"领域的不断耕耘和研究。比如颜色的表现、形状的表现,可以说差之毫厘,谬以千里。我们在这个领域不断累积经验,提高质量。但是也要考虑到不要出现意识过剩的情况——明明别人根本看不出什么,自己还在那里自我满足意识过剩、一味钻研,导致最终变成了一个完全不同的东西。

02 ©2016 Shiseido Co.,Ltd.

01   ©2021 Shiseido Co.,Ltd.

Q: 有很多设计师在资生堂任职之后, 慢慢建立了行业声望。资生堂的设计部门如何吸引人才? 又如何和设计师们保持合作关系?

Y: 时代在变, 工作方式也在变。以前可能会有从资生堂辞职独立的人不会再和资生堂合作的事, 我刚加入资生堂的时候还听说过不少次。他们可能对上司或者资生堂不满意, 或者觉得有人对自己的风格指手画脚或有负面评价。但是现在已经大体是一个"副业 OK"的时代了, 通过各种形态, 让所做的事情能够传播出去更为重要。很多人即便辞职, 工作上也会继续合作。因为比起那些完全不了解资生堂的设计师, 还是了解资生堂的人会更容易有共鸣感, 更容易互相理解。外部的人可能会说"资生堂好厉害", 但是内部出去的人可能会给出建议, 说"资生堂如果这么做会更好"。我是鼓励这种做法的。

以前也有过一段时间, 设计师希望作品能出

现自己的名字, 如今大家则是更想要匿名。比起留下自己的名字, 可能如今资生堂的设计师更想选择留下作品。叫着"我会怎样, 我想怎样"的人的数量正在急剧减少。以前还会有一些前辈喜欢一直这么嚷嚷, 但如今是一个团队一起制作一个作品的时代了, 不那么在意"个人竞技"了, 大家非常重视团队建设。在此基础上重视多样性, 和自己想法不一样的人组成团队, 可能会有更好的创意。

Q: 听说设计师进公司第一个任务就是要手写资生堂的字体? 为什么?

Y: 我刚进公司时也写了一年。最初也只能做前辈让我做的事——对方只是让我写。并不是"誊写经文"这种状态, 而是要身心统一地反映原有的字体。你自己心乱的话, 是临不好字的。我最近感受到的则是, 也不是要按手册、像机械一样去临字, 而是要怀有画画的心情, 临出有你的个性的字。这是没有正确答案的, 是对那个词有着某种思绪的

02

©2018 Shiseido Co.,Ltd.

资生堂创意本部会根据不同的节日，设计多种形式的特别包装：像为 SHISEIDO PARLOUR 设计的巧克力包装（01），或者为旗下 Clé de Peau Beauté 品牌设计的 2018 年秋冬节日包装（02）。

人，如实画出反映自己目前想法的表现。

那么到底从临摹字体里学什么呢？一些学习意识比较高的人会理解"学习"这件事的意义：它会和那些洞察事物本质之类的训练相关联，并非只是要去摸索那些表面留下来的东西，而是去体会为了达到这个结果，有什么是自己必须改善或解决的问题。这也是在设计的过程中非常必要的事。我觉得这就是通过这件事要学习的东西。

Q: 有什么做法是你们坚持可以做、坚持不可以做的？

Y: 我们并不是要去设置什么 guideline（指导准则），唯一"不能做的"，也是任何部门可能都不允许的——不能说谎。如果广告从说谎开始，公司的可信赖性就会降低。以前我曾经担任过一个"不掉色口红"产品销售时广告项目的艺术总监，当时我在商品开发会议上说，这种不掉色口红要抹很多层，涂

的时候感觉很不好。当时我的上司说，"制作这个产品的人一定是想着这个产品不错才会做它，虽然确实可能做得不太好，但还是做出来了，而且这种产品绝对会出现在市面上"。负责文案的人也说，不好的东西，就应该说不好。当时我们真的和负责的上司"战斗"起来了。最终，商品开发部门重做了这个产品。大家还是觉得不能做这样的东西。所以广告并非去做那些要做的东西，而是要做那些能让顾客们信任、理解的正确的东西。比起强迫顾客们接受，能让他们安心使用才更重要。绝对不能说谎。化妆品在广告领域本来就要求很严格。

Q: 创意本部之后有什么计划或者展望？

Y: 我们希望进一步扩张设计或者创意的含义。以前可能会有日本画家、油画家这种分类，现在则是不分国籍，需要各种领域的专家。这倒未必是要配置到部门里面，而是像技术专家、分析师、战略专家这些在我们意匠部时代无法想象的角色，我们想通过网络展现他们。如今技术发展得太快了，很多时候自己还在学的东西，第二天技术就变了。本以为很有价值的东西，很可能一夜就变得没有用了。以前时间流逝没有那么快，价值还是很容易受到珍视，如今价值感已经稀薄化了。还有价格也是个重要因素。与这些趋势相对，我就更想去考虑"集中"这种完全相反的方向，将那些保有专业性的人集中在一起，集结成一个有独特特色、又能发挥专业性的团队。 **Ⓜ**

"必须把产品功能考虑进来，
不做漂亮却不解决实际问题的设计。"

出道十年，日本熊本县的吉祥物"熊本熊"已经有了不少国际知名度，光是相关商品的累计营收就超过 9891 亿日元（约合 592.08 亿元人民币）。作为"熊本熊之父"的设计师水野学，继熊本熊之后，又广泛参与了中川政七商店、久原本家、相铁集团等诸多企业的品牌设计和重塑。这次我们和水野学聊了聊设计与商业品牌价值的关系，以及他会欣赏怎样的包装设计。

66

那些没有把产品功能传达好的设计会让我觉得遗憾，哪怕视觉再酷。

99

Q = 未来预想图（Dream Labo）
M = 水野学（Mizuno Manabu）

#品牌设计和重塑

Q：在收到委托后，你如何消化和梳理品牌提出的诉求？

M：我很喜欢一句话，"设计师是医生"。设计师的工作就像是医生问诊，你需要先把握患者的症状，把他们的"不舒服"逐一具体化，然后作出判断，给出治疗方案。很多时候，品牌自身提出的诉求只是针对表层问题，并不是实际病因。因此比起单方面提案，我更倾向于花时间和品牌站在同一立场，在沟通的过程中一起发现问题所在。

Q: 在你和品牌打交道的经验中, 发现品牌们常常忽视哪些问题?

M: 大多数品牌都很擅长外在表达。就像人为自己挑衣服、选发型并不难, 难的是向内梳理和定义自身。"我是谁?"和"我的自我定位是什么?", 我接触的很多品牌并不能确切回答这些问题。设计师应该在这个阶段帮助品牌找到自己的主张, 提炼那些尚模糊的品牌价值, 同时修正和强化视觉表达, 把品牌主张最大限度地传达出去。

Q: 那你如何引导品牌思考"我是谁"的问题?

M: 的确很多品牌都有这个烦恼。我相信中国和日本一样, 目前市场上有着庞大的产品数量, 但细观会发现, 产品内容其实大致相同。因此在逐渐饱和的市场环境下, 我认为品牌更需要通过找到自己的品牌表达, 与同类产品形成差异化。

举个例子, 美国户外品牌 Patagonia 和 The North Face 同属一个产品类别。Patagonia 一直将可持续发展承诺置于品牌理念的核心, 因此扎下了坚实的业界地位。用极端一点的说法, 我觉得今后的品牌塑造和宗教有着相通之处, 人们会拥抱有明确品牌主张的品牌, 并为感情体验买单。

Q: 在实现品牌诉求的具体设计过程中, 对你来说最重要的是什么?

M: 日语里有一个词叫"大义"。在和品牌合作时, 我很在意决策者的经营哲学中是否有"大义", 也就是将"利他"视为经营使命。利益对公司而言当然重要, 但如果是为了赚钱要做一些"大义"上的妥协, 我会和他们

水野学为日本奈良杂货零售品牌"中川政七商店"做了品牌重塑设计。

说还是请拜托别人吧。但其实有很多经营者都想要通过做好事赚钱，但具体要做什么样的好事呢？却很难作答。

Q：具体要怎么理解"大义"呢，可以举个例子吗？

M：中川政七商店是一个日式杂货老字号品牌。它之前的社长也就是现在的会长，一直把"赋日本工艺以生机"作为他的"大义"。我们在和中川政七商店合作时，双方始终在以"赋日本工艺以生机"为轴心来沟通和工作。双方能够认可彼此心中的"大义"，这点很重要。

Q：我们注意到，你在为中川政七商店做品牌重塑设计时，既对品牌形象做了更新，又保留了很多传统。你认为在做品牌重塑时，该如何平衡品牌传统和创新？

M：不管怎么说，我们都生活在现代。我们现在设计的东西，都会融入现代的元素。不论怎么去演绎传统的东西，仍会显得"很现代"。所以，不要去纠结设计的元素是否现代，而是要把品牌本来持有的风格和个性找出来，然后把"个性"作为自己的设计要素，一点一点精心地设计和表达。

Q：要怎么理解"品牌个性"呢？如何做到在创新的过程中不失掉自己的"个性"？有什么需要注意的吗？

M：我觉得有一些公司不得不改变。比如像日本的SONY、中国的小米等科技公司，不断去强调自身品牌未来的可能性，创新就是它们的"品牌个性"，因此这样的设计没有问题。但比如像中国茶等传统产业，在设计中应该细心保留品牌中的传统底蕴。这一

点要根据企业具体的情况作出调整。

#包装设计

Q：在你做过的包装设计中，个人最满意的是哪个作品？

M：全部我都很满意，哈哈，但我可能最喜欢卖得最好的那个。

我认为产品包装不仅关乎"设计"，更与销售直接相关。我个人很喜欢的案例之一是为久原本家做的包装升级。久原本家是一个日本做调味品的老字号品牌，主打日式出汁（高汤）。在我们为它做了一系列的包装升级后，全线产品的销量都开始变好。但另一方面，包装是消费者可以直接触碰的品牌表达，也是和消费者产生交流的媒介，因此在品牌意义上包装也很重要。

Q：那在你目前看过的包装设计中，有令你十分印象深刻的吗？

M：我很喜欢日本运动型饮料品牌"POCARI SWEAT"（宝矿力水特）的包装。

大冢制药公司在最初发售这款饮料的时候，几乎没什么销量。可乐、橙汁大家都喝过，但运动饮料在当时人们闻所未闻。这款蓝底白色波纹的运动饮料最初只在药店销售，现在它随处可见。品牌相信自己的产品放进市场一定是好的，并且自始至终都没有放弃。近四十年间，它的设计并没有发生太大的变化，你可以从一个包装设计看到企业的勇气和努力。

Q：你觉得包装设计的"美感"和"功能

水野学为日本调味品老字号"久原本家"做的包装升级。

性"应该如何平衡？

M：我认为这个问题不仅仅针对包装设计，它涉及"设计"的整体范畴。大家经常问"设计"是什么，我会把设计分成"装饰设计"和"功能设计"两个方面。日本人常常会把"装饰设计"误认为"设计"本身。虽然平面广告设计只要考虑装饰性就可以成立，但对产品来说，我认为必须把产品功能考虑进来，不做漂亮却不解决实际问题的设计。

Q：在你看来，不太好的包装设计常常会触碰哪些常见的"雷区"？

M：那些没有把产品功能传达好的设计会

水野学联合中川政七商店会长中川政七等人共同创立了选品零售店 THE SHOP。THE 品牌在每个领域只生产或选取一件可以称为代表标准的 THE 商品，放在店内长期销售。

*在日语中，"the"的延伸含义是，在某个品类中具有代表性的产品。"the shirt"的语境意味着这件衬衫各项机能足够好，是能够代表衬衫这个品类的单品。

让我觉得遗憾，哪怕视觉再酷。

Q：在资生堂的各类包装设计中，给你印象最深的是哪些？为什么？

M：有很多，让我想想。"唐草オードパルファム"（Karakusa Eau de Parfum）这款香水的包装设计我很喜欢。

它的美术感让这个设计更贴近"艺术"。我们经常误认为"艺术"和"现代艺术"是一回事。但在我看来，两者完全不同。艺术的创作初衷并不是为了进美术馆展出，它们的创作动机起初也许是宗教活动或居家装饰等，此后经过转卖、流通才进入了美术馆；而现代艺术大多只是为美术馆展示而创作。欧美人明白这一点，他们会把美术馆和现代艺术区分开。"唐草オードパルファム"的包装是纯粹为了放入香水的瓶身而设计，因此它的设计美术感越强，越让人印象深刻。

我认为设计师的工作是"艺术"创造，我对像"现代艺术"一样的设计并没有什么兴趣。

Q：当初在设计 THE SHOP 这个品牌时，为什么为 logo 选用了"Trajan"这个很传统的字体？

M：当时为 THE SHOP 选字体，确实费了很大工夫，后来发现它们和很多产品都不适配。THE SHOP 的品牌概念是设计有关"the"*的东西，比如 the shirt 。所以我也想找到可被称为"the"、让人们感叹"啊，原来如此"的字体，最终注意到了 Trajan 这个字体。Trajan 被称为所有活字的源头，它的大写字体也被用在很多地方，我们就想应该还不错。 Ⓜ

Uchida Kesao

内田今朝雄*

内田今朝雄: 我是如何在资生堂做广告的

text/陈紫雨 photo/佐佐木谦一

....

1973 年毕业于庆应义塾大学, 加入资生堂《花椿》编辑部负责广告文案。
之后历任《花椿》编辑、广告策划、创意指导、制作人等角色, 自资生堂退休之后, 又担任美容杂志 *creabeaux* 主编。
如今于美容业界创立内田工作室, 发行美容信息网络杂志, 举办讲座等各类活动。

山口小夜子那一系列广告拍摄时，"一切都刚刚好"。

20世纪七八十年代，资生堂的广告美学曾成为连接和融合东西方流行创意的先锋。当时正逢西洋时尚风潮席卷日本，各大品牌模特大多像西方人一般身材纤长挺拔，五官轮廓立体鲜明。而资生堂却起用了带有东方典美的模特山口小夜子，以细眼朱唇、乌黑直发造型，为资生堂广告注入另一种美感体验。而当时的《花椿》编辑部里汇集了中村诚、村濑秀明等广告创意人，他们的一系列作品，也帮助资生堂打开了欧洲化妆品市场。

内田今朝雄曾任《花椿》编辑，也在资生堂做过广告文案与制作人。我们和他聊了聊资生堂在广告创作背后的故事。

66

"如资生堂一样的感觉"可以概括为：美意识、品格、自信、新鲜、玩心、时髦和前卫。

99

Q = 未来预想图（Dream Labo）
U = 内田今朝雄（Uchida Kesao）

Q：你学的是国际政治学有关专业，为什么工作却选了资生堂这个美容领域的公司呢？

U：我大学时辅修过传播学课程，毕业后也是想进媒体相关行业。当时投了比如NHK、《读卖新闻》一类一线传媒或者广告代理店的工作，但是无一例外全都失败了。到了秋季就职后期，某天在一份报纸的中缝里看到了《花椿》招募广告文案的信息。《花椿》这本杂志在化妆品业界和时尚界都已经很有名了，加上我本身对美容和时尚就很有兴趣，经常去化妆品商店收集

《花椿》,家里都堆着数不清的杂志了。当年的我期待每一期《花椿》就好像在等《圣经》一样。所以我就抱着尝试的心理投了简历,很意外成了 500 个竞争者中唯一的幸运儿。

Q: 资生堂一直在广告里塑造各种不同的女性形象。这几十年,它在广告里塑造的"女性形象"有怎样的变化?

U: 资生堂塑造的美是多种多样的。在资生堂的广告和海报中,我们着重让模特表现出自身的特点和内在气质。资生堂一直强调"美的品质",因为品质是不会随着时间变化的。我们很注意表现"如资生堂一样的感觉"(资生堂らしさ),这种感觉可以概括为几个词语: 美意识、品格、自信、新鲜、玩心、时髦和前卫。这些词也是我理解的美的品质。

Q: 山口小夜子那一系列广告非常有视觉冲击力。当时是怎么做出这些广告的?

U: 确实,小夜子的海报在化妆品业内引起很大反响,印象里最有话题性的是固体香膏的广告海报。这组广告拍摄时,可以说是"一切都刚刚好"。这是能代表日本的制作水平的团队: 模特是富有表现张力的山口小夜子,而艺术指导中村诚和业内闻名的"大摄影师"横须贺功光,则凸显了她与众不同的气质。我也很荣幸参与了这个海报的广告文案撰写工作。

那时我加入资生堂不过四五年,当时资生堂宣传部有差不多 100 名员工,刚开始工作几年就接受重任的机会并不多。那次广告文案撰写对我来说是很好的机会。到我参与项目时,海报已经拍摄完成了,中村诚

(注: 中村诚当时为制作室室长)邀请我加入了这个项目,要求是 12 个字左右。正因为有字数限制,每一个字都要认真思考,创作文案反而变得很有意思。

Q: 你是如何创作这些广告文案的?

U: 我一直盯着海报看,以进入海报的世界。一条广告起码写了几十甚至几百条文案,一句一句和海报搭配比较,去寻找最合适的那一句,最终锁定一条成为它的广告语。

说到灵感,还是来源于生活中的情感观察。我的灵感很多来源于恋爱故事,用广告词表现日常细微的情感,这很新鲜有趣。如果对生活缺乏兴趣,没有很多经历,就无法创造出有灵气的广告词。

Q: 你的广告文案中,你最满意的是哪条?

U: 我最喜欢的是"不要暗淡哦"(くすんでなんかいらない)这个系列的广告。当时日本处于经济高速成长期,资生堂出的新品一定能热卖,我们负责的宣传企划提案也都能一次性通过,在创作上也不受约束,有很大的自由发挥的空间。比如拍摄这个怡丽丝尔的夏日粉饼广告,我们甚至可以先确定想去的拍摄地,再来确定拍摄方案。

Q: 山口小夜子系列广告这种颇有颠覆感和冲击力的广告,现在好像已经很难找到了。各种时尚流行风格与对美感的意识也在不断变化,你们在拍广告时是如何抓住这种趋势性的特征的?有什么标准吗?

U: 资生堂的广告确实变化很大。这与资生堂经营管理层对品牌理念认识发生变化有

关。以前做广告和推广，强调宣传"资生堂的美"，而最近比起"资生堂"这个企业名字，更凸显旗下一个个子品牌，像怡丽丝尔、PRIOR 的品牌意识。以前的资生堂广告中资生堂的标识一定会出现，但是最近（看资生堂广告）就会出现"哎呀，这是哪儿的品牌啊"这样的想法。

我在资生堂宣传部期间，制作广告时会考虑如何将资生堂创业以来脉脉相承的"资生堂的风格"与当时的时代结合。这个"课题"现在已经不存在了。现在的广告中，"资生堂的风格"已经没有了。

Q：当时的广告具体如何体现"资生堂的风格"？

U：这很难用几句话说明。举个例子，资生堂字体是很能传达"资生堂的风格"的。比如说资生堂 logo 的英文字体中，那种丰润和纤细的笔画结合是符合"资生堂的风格"的，但在现在的字体中，这种纤细感已经没有了。我们曾经在这样微妙的地方下了不少功夫钻研，现在这种"资生堂的风格"已经

不被重视了，确实有点失落呢。

Q：你们好像还和漫画家井上雄彦合作过，他是个非常难约合作的人啊。那个海报也跟不少资生堂广告风格稍微有些不同。

U：当时资生堂宣传部有同事是井上雄彦的大粉丝，当我们要推出 UNO 男士化妆品系列的广告时，就想邀请井上雄彦一起合作。没错，最后的海报呈现完全脱离了"资生堂的风格"。但正因如此，那张海报在当时显得很独特。

Q：你在广告创意和广告效果之间更看重哪一点？资生堂有很多前卫的广告，你们怎么平衡广告的艺术性和受众的接受度呢？

U：观众看了广告对产品产生购买欲，这是广告的目的。对于广告好坏的评价是主观的，与每个人的价值观和喜好有关，我更在意广告的表现力。进入新世纪后，资生堂还会针对观众做他们对广告接受程度的调查，在广告发布前举办观众试听调查会，得分很低的广告甚至会考虑销毁或重新拍摄。Ⓜ

银座风景，《御妇人手账》，1927 年 12 月 3 日。

《花椿》杂志封面，山名文夫（D），1939 年 3 月。

资生堂为什么要办杂志？

text／戴恬

通过各类媒体，资生堂塑造出一种氛围：
你得使用资生堂的产品，才能同广告插画中那些戴着帽子、
身着线条明晰的西装套裙的短发女士一样，
成为"合格的时代新女性"。

《资生堂月报》可以说得上是日本现代时尚杂志的原型。它既报道了欧美流行风潮，也刊登了各种美容信息，将巴黎、纽约、
银座乃至东京的最新潮流带给了当时的读者们。图为 1928 年 1 月号（第 40 号）《资生堂月报》封面。

唐草纹样的背景之中,是一个短发娇俏、戴大檐帽子的摩登女子的剪影,远处停着一辆敞篷老爷车——这样的插画可能现在并不稀奇,但在 1928 年的东京,这样的视觉形象给整个日本社会带来了不小的文化冲击。这是资生堂内刊《资生堂月报》第 40 号刊物的封面。

这种"震惊感"和女性思潮的崛起有关。明治末期,女权主义浪潮也吹到了日本。1911 年,女权主义者平冢雷鸟创办了日本首个女性文艺杂志《青鞜》,撰写了发刊词《女性原本是太阳》(元始、女性は太陽であった),她更是对比说,"现在的女性却只是月亮"(今、女性は月である)。接受了教育的女性们开始参与社会公共事务,在日本社会各处渐渐出现都市"新女性"的形象。

在这个大前提之下,各类以女性为主要读者群的杂志纷纷创立。有讨论女性权益的严肃读物《妇人公论》,面向主妇提供新生活方式提案的《主妇之友》也在 1917 年创刊。1921 年,《妇人之友》杂志的创办者 Hani Motoko(羽仁もと子)还创办了学校"自由学园",实践自己的教育主张。

《资生堂月报》刊登在 1929 年 2 月号的稿件。图文主题为"站在橱窗前的女性们"。

女性消费需求也受到前所未有的重视。1915 年，妇女儿童博览会在东京上野公园开幕。在剪去发髻的新女性中，轻便简单的西式时装开始流行，女校也开始改变校服的样式。化妆成了女性走出家门、进入社会时不可或缺的一道工序。通过《资生堂月报》（创刊于 1924 年）、《资生堂画报》（资生堂グラフ，创刊于 1933 年）这类媒体，资生堂塑造出一种氛围：你得使用资生堂的产品，才能同广告插画中那些戴着帽子、身着线条明晰的西装套裙的短发女士一样，成为"合格的时代新女性"。

02

1915 年，资生堂也迎来了新的掌舵人——福原信三。一战后，日本经济发展持续低迷，加上 1923 年关东大地震，资生堂的经营也如履薄冰。当时化妆品业界的一个大问题就是倒买倒卖造成价格体系混乱，很多公司、批发商、零售店都撑不下去，只能破产。

在此背景下，福原信三为资生堂导入了美国的连锁店制度——只将产品下放到签约零售店销售，由资生堂派遣专业"美容部员工"到店铺为客人提供护肤咨询和选购指导。相应地，签约零售店必须遵守统一定价的原则，按照资生堂的指导上架商品。

这种制度有效规避了此前零售店之间的恶性价格竞争。零售店获得了稳定的顾客基础，资生堂也通过店铺渠道提供产品、美容信息与服务。为了更好地向连锁店传授运营方法，后来资生堂还向面向签约零售店发行刊物《连锁店》（チェンストアー）。

顺应当时生活方式全面西化的风潮，也为了配合连锁店制度，1924 年，资生堂创建了自

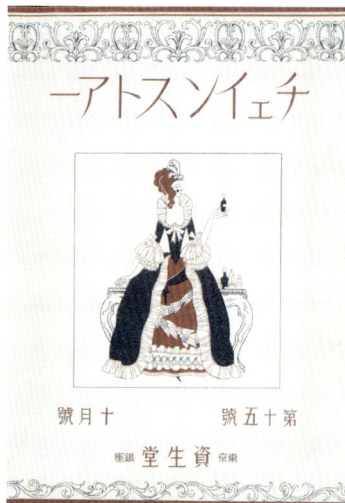

为了更好地向连锁店传授运营方法，资生堂面向签约零售店发行了《连锁店》杂志。图为 1928 年 9 月号。

己的刊物《资生堂月报》。福原信三将《资生堂月报》放在各个签约零售店中，作为"内部资料"送给购买资生堂产品的顾客。

这本杂志并不仅仅具有企业产品推广与宣传的功用，如果你翻看它的内容，会发现这是一本在踏踏实实地做内容的杂志。早期文章颇有实用性，像创刊号，除了登载当时资生堂主打产品——香皂和红色蜜露高级化妆水的广告之外，还会有"妇女儿童毛衣标准规格及对照表"或"显年轻的后梳束发的方法"等介绍流行时尚或化妆潮流的方法论文章。

这并非资生堂第一次尝试自己做媒体。在《资生堂月报》之前，1922 年，资生堂将化妆品部门改组成"美容科、美发科、童装科"时，就顺势推出了亲子杂志《太阳》（オヒサマ）。他们请来各类文化名人撰稿，其中包括

《资生堂画报》在某种程度上延续了《资生堂月报》的风格。但发展成熟后，在《资生堂画报》封底封面大幅照片里，日本新女性的面貌渐渐清晰，成为绝对的主角。图为 1933 年创刊号与 1937 年 9 月号（第 50 号）。

当时的知名剧作家小山内薰、大正时期童谣派代表诗人西条十八和北原白秋等。

《资生堂月报》也是资生堂与顾客互动的绝佳媒介。创刊号上就有面向顾客的征稿通知：不管是关于兴趣或是美妆心得、家庭感悟，编辑部都欢迎读者投稿。连锁店也成为资生堂编辑部收集读者感想与要求的渠道。

不再局限于流行或美妆，《资生堂月报》的报道范围也不断拓宽。从 1926 年的第 17 号开始，文艺、美术、音乐等领域的话题就开始经常出现，进一步增加了杂志的可读性。在表现方式上，除了文章之外，编辑们在版式上增加搭配插画与照片；版面也从最开始的类似报纸版面的 4 页纸增加到有封面的 12 页册子，进而增至 20 页，杂志的形态渐渐成熟。另一方面，编辑部也逐渐将外部文化人士纳入撰稿团队。

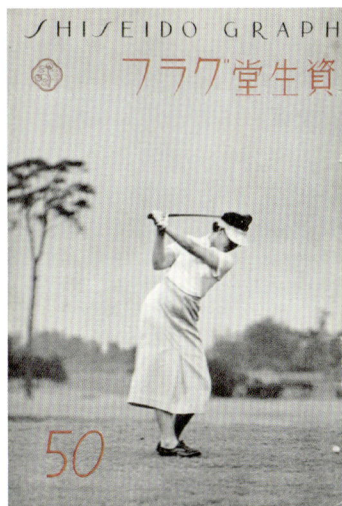

资生堂推出过亲子杂志《太阳》（オヒサマ），不仅请来作家北原白秋等文化界人士创作童话、童谣，还会刊登孩子们的作文。图为 1922 年 8 月号。

福原信三自己的人脉也逐渐显示功用。在留学时期，他认识了不少在欧美活动的日本艺术家，其中就包括后来影响了《资生堂月报》的川岛理一郎。当时旅居欧洲的川岛理一郎等人为《资生堂月报》撰写了一系列介绍欧洲生活方式的文章，也正是通过这类来自潮流前线的专栏，《资生堂月报》总是能较其他媒体更早介绍欧洲最新流行资讯，尤其是关于法国巴黎的一切。像《夏日巴黎客》《海外流行介绍——巴黎品位的妇人靴》这类文章就经常出现。优雅的洋装、精致的妆容——月报中关于巴黎女人的描述让读者为之着迷。同时期的资生堂广告上，还曾经有过这样的插画：身着洛可可风格服饰的欧洲女郎手执镜子，似乎在与大正风情的日本女孩讨论妆容。

巴黎虽然很远，通过资生堂，读者也能近距离感受到"巴黎风格"。通过杂志与位于银座的店铺，资生堂成功将"憧憬的西洋风格"这种生活方式传达给了自己的目标消费者——当然，产品价格也不便宜。

03

1929 年，美国股市崩盘，随之而来的全球经济危机让本就不景气的日本经济雪上加霜，资生堂也受到影响。1931 年，资生堂将旗下的肥皂公司合并调整，之后还陆续关闭了位于东京的肥皂制造工厂与大阪分店。为减缩经费，1931 年，发行了 77 期的《资生堂月报》和面向零售店的内刊《连锁店》双双停刊。直到两年后，可以说是《资生堂月报》延续的《资生堂画报》才创刊。

《资生堂月报》后期的封面多是资生堂产品图或者写意类摄影作品，而《资生堂画报》封底封面的大幅照片里，日本女性是绝对的主角。这些照片中的日本女性显得独立、健康又自信。她们妆容精巧，着装体面，从事着各种各样在当时新潮高级的休闲活动：滑雪、开快艇，甚至是驾驶一架直升机。

内容上，"巴黎情绪"的篇幅缩小了，《资生堂画报》中，日本新女性的面目渐渐清晰。

大正年代末期开始，在城市街头出现的"摩登女孩"引发流行话题。1926年《资生堂月报》做了这个主题的报道。1937 年的《资生堂画报》上，也介绍过新式编发流行趋势。

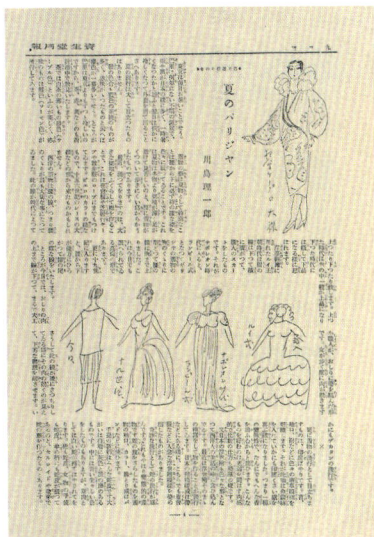

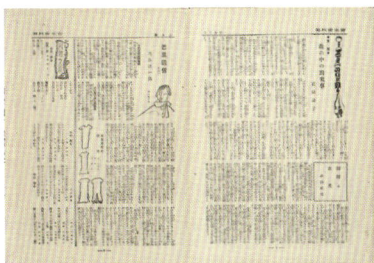

当时旅居欧洲的画家川岛理一郎为《资生堂月报》撰写了一系列介绍欧洲生活方式的文章，让读者们近距离感受到了"巴黎风格"。

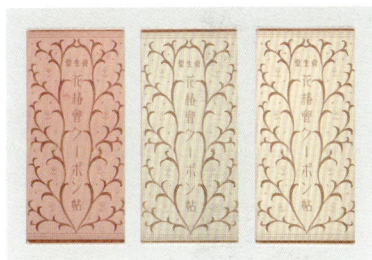

1937 年，资生堂正式成立只要消费即可免费加入的会员组织"花椿会"。会员消费可获得积分贴纸，凭积分确定会员等级。图为当时的会员积分手册。

她们改良了欧美传来的化妆文化，比如并非一味模仿当时流行的美国女演员克拉拉·鲍的标志妆容——细瘦的下垂眉，而是根据自己的脸型探索适合的眉形和画法（第 12 号《口红和眉毛的画法》）。

1937 年 1 月，资生堂正式确立了连锁店内的会员制度，成立了会员组织"花椿会"。它与经营的关联也颇有新意：会员消费到一定级别会得到赠品，零售店会根据会员肌肤状况提供产品建议。在《资生堂画报》第 42 号的《关于花椿会的创立》一文中，资生堂是如此阐述创立初衷的——"为追求真正女性美的现代女性提供正确的化妆知识，并培养其兴趣教养"。《资生堂画报》于第 50 号完结，这一年 11 月，内容更加丰富的《花椿》创刊了。

只要是资生堂的顾客，都可免费加入花椿会。凭会员证就可参加资生堂定期举办的演讲会，还能拿到每年一回的答谢礼品——在资生堂的各个签约零售店每消费 1 日元就可以获得一枚花椿图形贴纸，集满即可兑换。这种做法受到了顾客们的热烈欢迎。等到"花椿会"会员杂志《花椿》创刊时，花椿会的会员人数已经达到了 100 万。

在经济紧缩和军需扩大的影响下，日本政府出台政策，禁止输入化妆品与奢侈品。在战争的阴影下，资生堂的化妆品事业进入寒冬，到了 1940 年，《花椿》也迎来了长达十年的休刊时期。此时还没有人能想到，作为一本企业文化志，《花椿》如何成为一个象征性的存在——那又是另一个故事了。Ⓜ

01   photo／佐佐木谦一

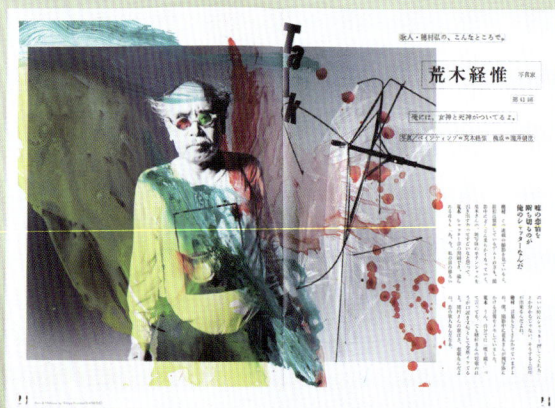

02   photo／佐佐木谦一

03   photo／佐佐木谦一

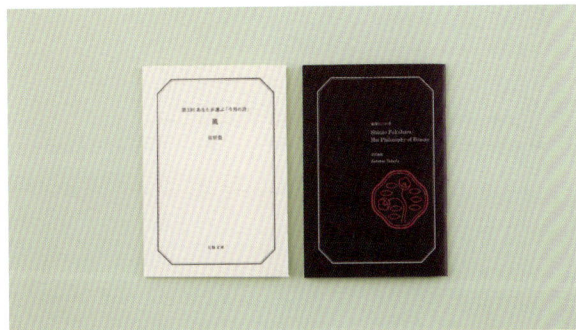

04   photo／佐佐木谦一

《花椿》：明明是企业内刊，
却成为设计大刊？

text／钟昂谷 赵慧　photo／佐佐木谦一 《花椿》编辑部

人们到底为什么喜欢《花椿》？资生堂到底是如何做这
本企业文化志的？

01 2017 年冬号，设计师涩谷克彦担任了这期《花椿》的艺术指导。
02 摄影师荒木经惟曾在《花椿》开设摄影对谈专栏。这是他在 2015 年 12 月号上
的一张自拍。当期杂志也是《花椿》的最后一期月刊。
03—04《花椿》改为季刊后，每期会随刊发行一套不同主题的刊中刊，装入缀在杂
志最后一页的附袋，它可以是"花椿文库"系列小册子，也可以是一组明信片。

111

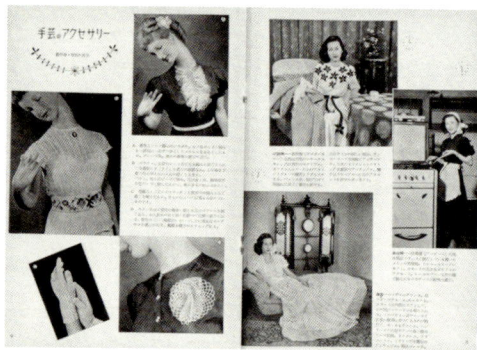

01

资生堂企业文化志《花椿》创刊于 1937 年（下图），报道美容信息与最新时尚潮流信息，是当时女性摩登生活方式的灵感来源。

《花椿》（Hanatsubaki）——这本由资生堂创刊于 1937 年的杂志，在日本人心中的地位类似于"西洋文化先锋"。就像当年三得利为日本引入了红酒与威士忌，资生堂也为日本人带来了西药、西式化妆品，甚至生活时尚。《花椿》月刊及其前身《资生堂月报》《资生堂画报》，将网球、化学、高尔夫、驾驶、露营等生活方式带给了仍然穿着和服坐在榻榻米上吃饭的日本人。

在日本，它可能是认知度最高的一本企业内刊了——由资生堂公司制作，不公开销售，只在资生堂专柜免费发放，却有极佳的口碑。1969 年，其年发行量曾高至 655 万册。

这本杂志引起了很多关注艺术与设计领域人群的注意。《花椿》并不急于推销资生堂的产品，内容更多是时尚潮流、文化观察，甚至诗歌比赛。即便是最直接的产品展示，也富有创意。

在 1977 年 4 月号的口红特辑里，知名设计师仲条正义亲自绘制了插画，他用单纯的线条和色彩制造了富有视觉冲击的效果——看上去就好像口红涂在嘴唇上那样。

多少有些高冷的模式的确为《花椿》持续带来一些粉丝，尤其是仲条正义、涩谷克彦这些在日本设计界颇有分量的设计师的加入，也在设计上将杂志质量维持在稳定状态。仲条正义为《花椿》当了四十多年艺术指导，他的风格已经极大影响了这本杂志。

这些历史与经验也让《花椿》得到让其他杂志羡慕的机会与资源，

椿花

十月號

02

《花椿》报道各种时尚风潮，山名文夫也为它绘制过封面插画（02）。1938 年 2 月号介绍了流行的电影（04），1938 年 6 月号介绍了各种不同的帽子（03）。1950 年 6 月号是战后复刊第一期，里面介绍了各类手作饰品（01）。

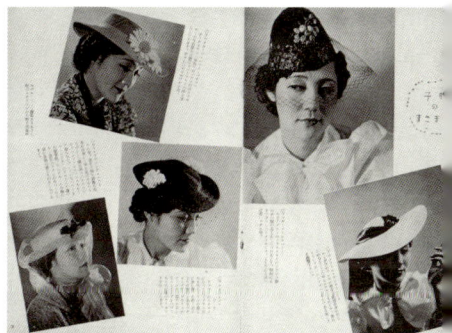

03

04

01

02

保证了内容质量。与它合作的摄影师、造型师、模特、插画师有不少都位居一线，它还顺利找来艺术家森村泰昌开设连载专栏，让摄影师荒木经惟连续几十期为一个固定栏目拍摄人物照片。

因为是免费发放，所以谈不上盈利，但资生堂仍然认为《花椿》是个重要角色。2014 年继任资生堂社长的鱼谷雅彦并不想改变这家公司的传统。正如早年资生堂是日本的"西式生活倡导者"，鱼谷雅彦更想让他的顾客对这家公司的认识仍然保有一些超出化妆品范畴的东西，比如"生活美学的创造者"，而不仅仅是一个化妆品制造商。在来到这家拥有一百四十多年历史的化妆品老铺担任社长之前，鱼谷雅彦是可口可乐的日本市场营销专家。

《花椿》的黄金年代正值纽约成为全球文化中心，之前的一个模板是巴黎。20 世纪 80 年代之后，新的中心在不断瓦解这些老先锋的地位。进入 21 世纪，一批又一批年轻人通过网络轻易占据了不同领地，拥有了自己的粉丝群。

资生堂想极力挽回年轻人的注意力，《花椿》也在跟着作出改变。"我想引起年轻人的共鸣，现在已经不是当年那个可以宣扬'这个生活方式很酷'的时代了，"曾任《花椿》主编的樋口昌树说，"如今的孩子根本不在意这些，他们更想表现出适合自己的东西。如果你现在再去跟他们说现在什么流行，可能他们只会哼一声，然后就结束了。"

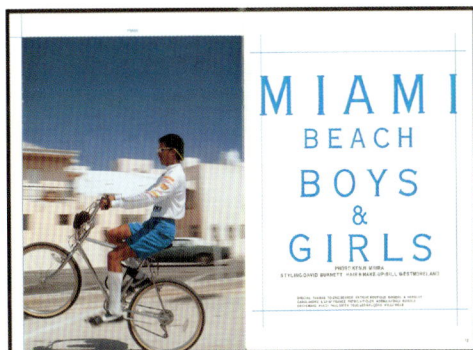

《花椿》在视觉上的探索树立了它在不少人心中的先锋文
化属性。
01 1972 年 3 月号内页，佐藤明（P），Matsukado Ichizo
（P），Sakurai Chioko（M）。
02 1972 年 7 月号内页，安达洋次郎（P）。
03 1987 年 5 月号内页，Miura Kenji（P）。

"我不想做那些流行趋势。"按樋口昌树的计划，他想要找到一些
不会被时代淹没的更本质的东西，但这与目前日本市场上一些生活
方式杂志选题可能雷同。樋口昌树说，他还会尝试下去，尤其加强
编辑对内容的控制，而非由设计决定一切。2015 年 12 月，他的团
队发布了最新也是最后一期《花椿》月刊——第 813 期。

一年半之后，《花椿》完成了一次大规模的"更新"——从月刊改
为季刊，并正式发布了网页版《花椿》。在这段期间，住佳织衣成为
《花椿》新任主编。她告诉未来预想图，现在这本杂志"以 25 岁左
右的女性为主要受众群体"，目标是成为"为这些群体提供丰富美
好生活指引的媒体"。

她再次强调着企业文化志的本质，"即使不知道资生堂，不是资生
堂产品使用者的人，也可以通过它知道资生堂，对资生堂产生兴
趣"。住佳织衣说，这也是资生堂内部对《花椿》的期待。如今，《花
椿》有一个 6 人采编团队，同时负责纸质版与网页版。

纸质版的发刊频次从月刊降至季刊之后，《花椿》采编团队将更多
精力投入到网络版内容的制作中。住佳织衣相信，在网络上做杂志
可以和更多人产生联结。各类内容被归为"时尚与美""艺术与科
学""音乐与图像"三大类，但网络版的内容更新频率并不固定——
最短的是一周一次，比如漫画专栏；也有音乐专栏这种一个月更新
一次的内容。

01

02

03

04

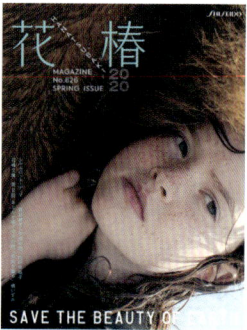

05

06

01 2006 年 6 月号内页，Maruyama Masashi（P），原田忠（M），丰田健治（M）。
02 2017 年秋号内页，横浪修（P），Yukawa Hana（M）。
03 2019 年春号封面，Jang Ina（P），Guama（M），Ando Nico（M）。
04 2019 年夏号封面，横浪修（P），Takizawa Erika（M）。
05 2020 年春号封面，Sharlotte Dumas（P）。
06 2020 年夏秋号封面，滨田英明（P），Ikeda Elaiza（M）。

《花椿》在时尚圈与艺术设计界仍然拥有足够的号召力。2020 年 4 月，《花椿》夏秋合并特辑"银座物语"（GINZA STORIES）发布。封面人物是池田依来沙（Ikeda Elaiza），她是近年日本本土大火的"新秀"，出演过由蜷川实花导演的电影《关注者》（*Followers*）以及剧情类电视剧《在名建筑里吃午餐》，同时也是资生堂旗下品牌 MAQuillAGE 的模特。而拍摄这张封面的摄影师，是在日式写真火起来的那几年里，"滨风"摄影风格的缔造者——滨田英明。

2020 年 6 月，《花椿》还推出了中文版。《花椿》日文版的单册发行量维持在大约 3 万册，而中文版是 2 万册。

Sumi Kaoruko

住佳织衣*

....

资生堂价值创造本部 ART&HERITAGE 室长兼资生堂企业文化志《花椿》主编。
自 2018 年 1 月起任《花椿》主编, 2021 年 7 月起任现职。

Q = 未来预想图（Dream Labo）
S = 住佳织衣（Sumi Kaoruko）

Q：在资生堂历史上，《花椿》到底起到了什么作用？

S：《花椿》在 1937 年创刊，最初是资生堂建立了一个顾客会员组织"花椿会"，《花椿》就是当时的会员杂志。当时资生堂是为了给自己的顾客传递资生堂相关信息，但因为当时日本还没有什么女性杂志，当时《花椿》刊登的时装信息、化妆信息，还有海外的时尚前沿消息，就让它成了可以丰富读者们生活的杂志。

后来因为战争，《花椿》曾休刊一段时间。战后再复刊时，就不再作为花椿会的会员志出现，而是成为面向更广泛消费者、传达能丰富顾客们生活信息的媒体了。如今已有很多传达这类信息的杂志，所以《花椿》会使人更深入地思考自己的生活，报道社会相关的议题，传达资生堂的"美意识"，非常简单易懂地介绍资生堂化妆品研究的知识见解与资生堂想传递的信息，为丰富人们的生活提供一些灵感与线索。

如今在资生堂内部，希望《花椿》成为一个接触点，让那些即使不知道资生堂、不是资生堂产品使用者的人，也可以通过它知道资生堂，对资生堂产生兴趣。所以《花椿》不仅会摆在资生堂化妆品零售店，也会摆在像是茑屋书店、画廊等文化设施与机构中，让那些不仅是对化妆品感兴趣的人，也能

接触到这本杂志。

Q：《花椿》里会有不少并不是完全与资生堂化妆品有关的内容。你们会规定好每期都有多少内容一定与资生堂产品相关吗？

S：这个并没有特别规定。《花椿》并不是要直接宣传产品，比如我们会在杂志人物拍摄时使用资生堂的化妆品，表现出这种"使用了产品之后的美"。

另外，比起直接表现产品本身，我们更想展现这些产品背后的想法，像是如今化妆品技术在不断进步，那些对皮肤会产生不错效果的化妆品的研发过程，我们也觉得可以展现出来。

还有就是资生堂的文化活动，像是 2019 年资生堂开始赞助了一些体育活动，那么如何通过体育活动在视觉上展现美，我们也觉得是可以表现的。

还有一些与环境有关的活动，可以展现资生堂对这些环境议题的想法。我们还会采访日本以及海外参与这些环境活动的任务或组织。我们并不是要百分之百完全直接展现资生堂在做什么，而是以这些事为中心，展现周围发生的事，展现那些拥有不同的美的意识的艺术家的表现形式，将资生堂发出的信息，用艺术的或者文化的方式表现

66

如今在资生堂内部,希望《花椿》成为一个接触点,让那些即使不知道资生堂、不是资生堂产品使用者的人,也可以通过它知道资生堂,对资生堂产生兴趣。

99

出来。

Q:为什么不趁着这个机会多做一些产品本身的信息传播呢?

S:与产品本身有关的信息已经通过网络等媒体在不断传播了。我们并不想让人产生"啊,资生堂在通过这个方式做广告、想卖更多产品"的印象,我们想建立资生堂在通过文化与社会领域传递价值的印象。人们是想要变得更美、生活得更好的,所以我们针对这个需求,就不仅提供商品信息,也提供对他们有价值的信息。

Q:那《花椿》在内容上都是编辑部独立决定的吗?

S:一定是的,都是编辑部独立决定的。当然,也会有资生堂的品牌有想要做传播的时候。比如,在新产品上市时,会讨论从什么样不同的角度通过《花椿》呈现出来,倒不是所有内容都要从研发角度出发,我们也会考虑在这个研发过程中,有什么与艺术和文化相关联的地方。

可能有些难以理解。我可以举个例子。虽然不能说脑科学会对化妆品有什么效果,但资生堂做过脑部与皮肤之间关联的研究,当时有相关商品出现,那么我们就会做"现在脑科学已经发展到什么样的阶

段""展现与脑有关的功能的艺术"这类与脑科学领域相关,但并非直接关联到化妆品领域的报道。

像现在的"银座故事",现在大家在《花椿》中文版也能看到这组报道。中国很多顾客在疫情之前也经常拜访银座街区,而且正好也是遇到奥运这个节点,那资生堂旗下的SHISEIDO品牌就计划在品牌诞生的银座街区开展一系列活动。后来因为疫情活动没有办,但《花椿》原本决定制作银座特辑,也是因为和SHISEIDO品牌合作而开始的。

Q:如今《花椿》在内容刊载上有什么基准吗?

S:资生堂的目标是"创造美好生活文化"。《花椿》以25岁左右女性为主要目标族群,为她们提供丰富美好生活的指引。有时候我们会想传达资生堂产品、文化活动等信息,像是艺术家吉冈德仁在银座公共空间展出的大型水晶装置就是非常棒的艺术,同时资生堂也协助了这次展览,这种内容就是《花椿》非常想刊登的。我们不想刊登那种负面的、让人心情不好、带有极端批判性的信息。

Q:《花椿》一直有不错的设计感,许多设计专业的学生和研究学者也会研究《花

椿》。**如果以 25 岁左右女性读者为受众群, 除了设计, 在内容上是不是也要有很多考量?**

S: 设计感很好是有历史原因的, 是非常久远的故事了。20 世纪 60 年代左右,《花椿》设置了 Art Director (艺术指导) 这个角色。艺术指导参与杂志制作, 重视杂志内外的设计感, 现在是非常自然的事情, 但当时还没考虑到这些事。

资生堂做研发的思考方式里, 有一个词叫 Art and Science (艺术和科学)。虽然化妆品是一个充满科学的物品, 但不能就这样以"科学"的形式展现出来, 一定需要展现它的艺术性。有了艺术性, 才能对外推出这份产品。这也成为资生堂 DNA 里的一部分。所以制作《花椿》时, 设计师一开始就会思考如何把杂志做得好看。仲条正义就做了四十三年, 他是一位天才的、卓越的设计师。

设计很重要, 但也不能只有设计。2012 年左右, 我们也有想过把它塑造成更能传达资生堂想传达的信息的媒体。不只是化妆品和时尚这些让女性变漂亮的信息, 还有环境问题、运动等许多使社会生活变得更好、更丰富的信息。

Q: 为什么在 2012 年会有这种改变?

S: 当时公司内部有讨论,《花椿》对资生堂是否还有存在的必要。《花椿》设计感非常强, 在有创造性的年轻群体间很有人气, 但另一方面, 和化妆品有关的信息反而变少了, 那资生堂办这份杂志的意义是什么呢? 许多人会认为,"这不仅仅就是一份设计手册吗?"。我们稍微想要增强些"资生堂杂志"的色彩, 所以就有了那时的改变。刚

好 2012 年有一个机会, 艺术指导工作移交给了宣传部的涩谷克彦,《花椿》也得到了翻新。

Q: 那时是外部的想法吗?

S: 是内部编辑部的想法。当时考虑的是《花椿》应该是怎样的杂志。当然它是一份很有价值的杂志, 但内部想让它改变成带有不同价值的杂志。

Q: 现在也是相同的想法吗?

S: 是的。比如 2019 年讲"美学创新"(Beauty Innovations) 这一期。资生堂于 2019 年 4 月在横滨开设了资生堂全球创新中心, 它也兼有对普通民众开放的博物馆、餐厅。我们在《花椿》上, 就用照片与视觉化的方式展现了"开展各种研究与创新, 让少女的梦想得到实现的地方"的概念。我们要表达的并不仅仅是"全球创新中心开业了"这样一件事, 而是用艺术与视觉的方式来展示美好的世界是什么样的。美学创新是为了创造美好的世界而存在的, 但每个人想象的美好的世界是不同的, 所以要倾听不同人的想法。创新并不是资生堂独自在做的事情, 所以也介绍了全球各种美学上的创新。

Q: 现在的《花椿》面临什么新的挑战?

S: 现在全球各处都面临着这样的问题。受疫情影响, 人们采用了"New Normal"新生活样式, 我们也一直在考虑,《花椿》应该以怎样的媒体形式向现在和未来的顾客们传播资讯。

纸质媒体可以用手触摸, 可以反复阅读, 有非常多的好处。我们不会放弃纸质版, 但

在保持社交距离和面对面交流很困难的时期，电子版的传播也非常重要。所以要稍微增强下电子媒体。

资生堂现在的顾客半数以上都是海外消费者。向海外传播信息的时候，电子化就更重要。现在《花椿》的网页版还不是最"先端"的，我们会不断改善它，将它做成能向全球各地传播信息的媒体。

Q: 最"先端"的网页内容指的是什么？

S: 最"先端"并不是趋势的最前沿，而更多体现在人们的意识领域。比如让内心感动的、舒服的、美好的、不被传统观念拘束、保持和传播多种可能性的信息，就是最先端的信息。

Q: 那比如迄今为止看到的网页中，有什么样的网页满足了你的想象吗？

S: 现在有很多网页都有目标受众，比起将网站推给大多数人，很多人更想让真正喜欢某个领域的人去打开自己的网页。所以我们目前也在思考，资生堂到底想制作什么样的网站。比如，针对真正喜欢漫画的人，有深挖某种漫画的网页；然后很多时尚媒体也不再是大量印制纸刊、刊登广告了，而是针对喜欢某种洋装的人，成为他们一定会看的媒体，有点类似 SNS 的感觉，它们变得十分贴近个人兴趣。资生堂也是有着广泛顾客群的公司，所以现在《花椿》也在思考应该集中在什么地方。

Q: 2020 年 6 月，资生堂在中国开始发行中文版《花椿》。为什么会有这样的计划？

S: 资生堂的产品不只是在日本，也受到包括中国在内的全球消费者的喜爱。特别是疫情前，在中国国内，以及前来日本旅行的大量中国消费者，都喜爱资生堂的产品。所以我们希望，不单单是资生堂的产品，还能同时将资生堂的文化和"美意识"这些感性的东西传递给中国的消费者，所以发行了中文版《花椿》。

另一方面，我们也从资生堂中国的同事那里了解到，有很多中国人喜欢《花椿》，之前曾任《花椿》艺术指导的仲条正义在中国办展览时，有几万人前去观展。听到这些消息，我们也非常开心。我们觉得，在中国引入《花椿》会让顾客们高兴，同时也会成为大家了解资生堂的契机，所以制作了中文版。

Q: 中文版和日文版的内容一样吗？之后会有专门面向中国的内容吗？

S: 基本一样，目前还没有专门面向中国的内容。但中文版最后发布消息的这一页和日本版是不同的，会专门介绍资生堂在中国举办的活动。

倒不是不希望做专门面向中国消费者的信息，而是《花椿》希望以向全球读者传递信息为中心编辑内容，希望全世界同步信息。以后可能会多加一页专门面向中国的信息，但基本上，无论是英文版、中文版，还是日文版，内容都尽量一致。

Q:《花椿》在中国的发行渠道也和日本一样吗？

S: 对，都是一样的。像陈列《花椿》的地方不是化妆品店，而是年轻人聚集的文化场所，比如书店、画廊等对文化信息有一定要求的群体会去的地方。Ⓜ

Kinoshita Takahiro

木下孝浩*

怎么让企业文化志变得更好看？

text／赵慧 周思蓓 photo／季羽鑫 优衣库

·················

*曾任日本生活方式杂志 *POPEYE* 主编。现为优衣库全球创意实验室东京创意总监。

优衣库的企业文化志 *LifeWear magazine*
会出现在优衣库所有门店，每期发行量也达到 100 万册。
这是让那些正在面临收益滑坡、
渠道减少等危机的杂志羡慕的消息。

木下孝浩在编辑业界的盛名，始于他自 2012 年对日本生活方式杂
志 *POPEYE* 的改版重塑。在担任 *POPEYE* 主编的六年间，通过
这本杂志，他重新挖掘了"都市男孩"这一群体的生活方式，而非仅
仅报道时尚领域。

如今他离开传统媒体，在迅销集团担任创意总监。"当时看着周围，
我意识到，光谈时尚，已经不是一件很酷的事了。"木下孝浩对未
来预想图说，"不如谈谈吃的、室内装饰、旅行、兴趣，当然还有恋
爱……在这些话题中，自然也会包括与时尚有关的内容。至少我觉
得，在欧美国家，人们已经不再像日本年轻人那样，在服装上花那么
多钱，他们也不再认为，他人对自己的印象是通过服装生成的。"

那些构成年轻人生活的元素——探索城市、发现兴趣、美食、服
装、恋爱、友情、建筑、设计……也由此成为木下孝浩的报道对象。
他甚至干脆删除了杂志末尾长长的"协力店铺"名单——那常常是
时尚杂志刊登合作店铺或广告客户的友情页面。

你如果对日本的杂志史有所研究，会发现 *POPEYE* 在 2012 年又

重新回到了它创刊时曾经设立的目标：Magazine for City Boys。
1976 年，这本杂志将美国西海岸年轻人的生活方式带去日本，与
包括 BEAMS 在内的一批时尚品牌一起，激起日本年轻人对美式
现代生活的关注与向往。在那段时间，人们用"POPEYE 少年"一
词，称呼那些对流行、时尚以及时髦新玩意儿敏感好奇，生活在都
市里的男孩。

至于女孩儿们——另一本杂志 Olive 在 1978 年以都市少女为
目标族群，报道新一代年轻女性喜欢的话题。它的 Slogan 与
POPEYE 像对仗一样工整：Magazine for City Girls。这些杂志
都属于同一家公司——平凡出版社，现在它已经更名为 Magazine
House，旗下拥有包括 Ginza、&Premium、ku:nel、an·an、
Tarzen、Casa BRUTUS、BRUTUS 在内，针对不同族群的多种
杂志。

所以当 2018 年木下孝浩离开 POPEYE，加入优衣库时，这又成
为让零售业界与编辑业界感到惊讶的一次"人事变动"。一般而言，
编辑与出版社、杂志社、书店、内容品牌、企划公司等领域联系更紧
密。如果转职去品牌公司，也更多从事企划、市场、公关等工作。一
开始，人们并不了解木下孝浩到优衣库到底要做什么。

迅销集团创始人、CEO 柳井正为木下孝浩提供的新职位是：迅销
集团全球高级执行副总裁，全球创意实验室东京创意总监。他说，
希望木下孝浩从编辑的视角去"打磨优衣库的服装与品牌"，"创造
些什么东西，与选择什么、舍弃什么的编辑行为其实很像"。

柳井正在接受日本版《福布斯》一次采访时，毫不客气地评论过他
对很多日本"创意总监"的看法："我觉得很多被称为'创意总监'
的人并没有什么实力，尤其是在日本。"但他对木下孝浩评价极高，
评价他"拥有超级厉害的审美意识"。他认为，欧美时尚杂志完全
是宣传，木下孝浩则亲自采访，钻研细节，跟欧美时尚杂志比起来，
"根本等级上就不一样"。

"创意总监，其实是连接商业与广告沟通的翻译者。"柳井正补充道。

所以，在 LifeWear magazine 里，你可以同时看到，木下孝浩探索
的新城市里，"恰好"有优衣库的新店铺；他研究的牛仔裤制作流
程，其载体也正是优衣库产品系列中的重要单品。

66

杂志的存在意义在于有多
少人能够拿到它。

99

LifeWear magazine 第一期的主题是：New Form Follows Function。

确切说，这些"恰好"并非巧合。

在优衣库，木下孝浩会跟迅销集团纽约研发设计中心创意总监瑞贝卡·贝伊（Rebekka Bay）共同确定 *LifeWear magazine* 的主题，它与优衣库接下来一季的服装主题密切相关。贝伊比木下孝浩早一年加入优衣库，曾在服装品牌 COS 担任过五年的创意总监。

木下孝浩在试图让企业文化志变得更好看。他会使用熟悉的编辑经验，选择那些他感兴趣、同时符合杂志主题的采访对象。*LifeWear magazine* 的图片摄影、编辑排版，也在一定程度上延续了他在 *POPEYE* 的风格。

在做这两期杂志时，木下孝浩喜欢的一个采访对象来自上海，那是个名叫张涉嫌的 32 岁画家。张涉嫌喜欢的人和事包括：在旅途中勾画各种人，纽约艺术家尚·米榭·巴斯奇亚（Jean-Michel Basquiat），以及不受束缚。他没有跟任何画廊签约，也没有卖出去过一张画。

"我很喜欢这个人，"木下孝浩说，"你看，他的画不是为任何人而画，而是为自己而画。这就是一种'生活方式'。"

木下孝浩的办公桌上，除了一大堆通过传统渠道出版的杂志之外，还有各种新型的企业文化志，比如 THE NORTH FACE 的 *PARADISE*、资生堂的《花椿》，还有迪奥、爱马仕、无印良品（MUJI）等品牌出版的宣传志。

"杂志的存在意义在于有多少人能够拿到它。"木下孝浩说，"企业文化志最突出的特征就是免费。因为免费，拿到它的读者们就没那么容易感到不满。我做杂志做了三十年，这种体验还挺新鲜、蛮让人舒服的。"

"仅仅把企业文化志当成一种宣传工具是一种方式，试图通过企业文化志来让读者更加了解公司，也是一种方式。我希望做后者那样的内容。"他补充说。

LifeWear magazine 会出现在优衣库所有门店，一年出版两期，每期发行 100 万册。这是让那些正在面临收益滑坡、渠道减少等危机的杂志羡慕的消息。

Q = 未来预想图（Dream Labo）
K = 木下孝浩（Kinoshita Takahiro）

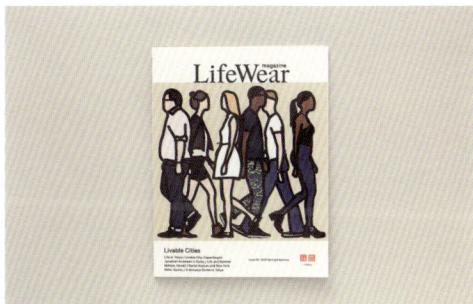

LifeWear magazine 第二期的主题是：Livable Cites。

Q：很多与文化有关的日本媒体，都在反映与记录着潮流、时尚、文化等各领域的发展与变化。你在 *POPEYE* 工作时，有哪些让你印象深刻的记录瞬间？又有哪些让你曾经觉得遗憾或后悔的事？

K：我没什么后悔的。我在 *POPEYE* 的六年，做了 72 期杂志，我都非常喜欢。就算现在看，也没觉得那些选题过时。*POPEYE* 尽可能广泛地介绍了生活在不同地方的年轻人的生活方式——哪怕非常小众。我们既报道过某个年轻人开在没什么人去的山里的二手书店，写过某个年轻人开在京都町屋一角的二手杂货店，也采访过出现在波特兰、柏林等地的新商业模式，甚至呈现过咖啡馆或者澡堂这种旧式风格的景象。许多年轻人受到这些内容的影响，开始以自己的风格经营店铺。有时我碰到他们，就在想，我们之前做的这些内容应该有帮助到他们吧。

有一段时间，大学生毕业找工作时，没什么人想去 *POPEYE*。我加入 *POPEYE* 之后，有很多年轻人都想来 *POPEYE* 了，我觉得真的很开心。最近，也有学生看了 *LifeWear magazine* 之后，说想来一起工作，专门跑来实习。

Q：虽然是一本企业文化志，*LifeWear magazine* 也有很多生活方式相关的内容。比如第二期讲到优衣库新开在哥本哈根的店时，介绍了发生在当地的新变化，从美食、建筑到可持续生活方式。很多人把这个制作方法解释为你制作 *POPEYE* 这类生活方式杂志的经验。确实如此吗？还是说你有什么特别的考量？

K：*POPEYE* 的经验当然有用，但是

我并不想把 *LifeWear magazine* 做成 *POPEYE*。我们想要做一本拥有新概念的新杂志。谈到优衣库的衣服，比起谈它的质量、设计、制造过程，人们需要先理解它的理念，即 LifeWear（服适人生）。它希望能丰富人们的生活。换句话说，理解 LifeWear，也是理解现代人的生活风格。我们也想通过杂志把这一点呈现出来，比如通过各种生活场景、采访、在各种地方拍摄照片等。

Q：*LifeWear magazine* 第一期主题是"NEW FORM FOLLOWS FUNCTION"（源自功能的美学），第二期的主题是"宜居城市"。为什么会想做这些主题？你是如何判断宜居城市的标准并加以选择的？我们很感兴趣的是，如果你在一家传统的生活方式媒体工作，在制作同样主题的内容时，与在优衣库会有怎样不同的考量？**

K：优衣库在纽约的设计师瑞贝卡·贝伊会先制定每个季节时装的主题，我每次会先和她沟通。伴随着服装的季节周期，*LifeWear magazine* 每半年出版一次。如果杂志没有主题，只单纯做成一个优衣库的宣传读物，就会很没有意思。无论如何，我还是更希望它能够传达一些时尚的理念。这样的话，当季时尚主题就比较重要了，杂志也会以此为出发点。

LifeWear magazine 第一期展现了优衣库在做衣服时的基本态度。杂志开头，详细刊载了柳宗理工作室的采访报道。我很敬重柳宗理，他也是日本具有代表性的产品设计师之一。他的理念与优衣库有相同之处：在简

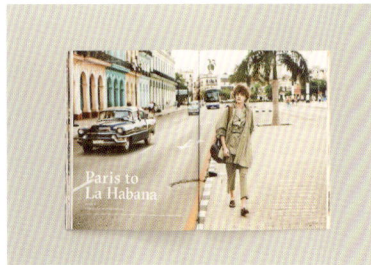

木下孝浩将 *POPEYE* 的编辑经验沿用至 *LifeWear magazine*，试图让企业文化志变得更好看。

洁且完成度高的美学观念里，功能美是最重要的。第二期我们的主题则设为"生活、人、衣服"。谈到宜居，每个人都会有不同的理解，因此我们也没有设定统一的标准。有人认为上海宜居，同时也有人会认为东京、夏威夷、哈瓦那等城市宜居，也有人认为这些地方根本不好住。因此，我们的杂志并不想讲述究竟哪个城市宜居，而是想报道在那些城市里生活的人都有什么样的生活方式。做不同的杂志，就算同样的主题，也会呈现不同的内容。如果说为什么的话，我觉得因为杂志面对的读者不一样。

POPEYE 主要受众群是年轻男性，这些人有着非常强烈的现代风格，由此，我们也会思考，这些人对什么感兴趣，然后以这些领域为报道中心。*LifeWear magazine* 的受众群则更加广泛。其中既有购买优衣库服装的消费者，也有对优衣库多少感兴趣，但并不太了解优衣库的人。

倒不是说因为是 *POPEYE*，就特别侧重于男性视角或者很有"年轻感"的选题，"好奇心"其实是 *POPEYE* 重要的主题之一。同样，做 *LifeWear magazine* 的时候，即

01

02

便针对的是那些首次拜访的国度，"好奇心"也是一个没有太大变化的要素。所以我不认为二者在做法上有什么特别不同的地方。

Q：就你个人看，怎样才能称得上"宜居"？

K：很多人住在城市，却向往乡村生活。也有很多人住在乡村，却向往城市生活。不过我觉得，要是住在城市里的人，去乡村生活一周，可能很快就会想回去了，也有可能长居乡村的人来到城市，也会觉得这儿不舒服那儿不舒服。我想表达的是，每个人对每个地方的感受都不同，这点和每个人的幸福感都不相同，本质上都一样。很遗憾，我不是那种喜欢社交的人，如果要说觉得何为宜居的话，也许能生活在没有社交媒体的社会里就算宜居了吧。我不希望生活在人人互相

监视的环境中。

Q：*LifeWear magazine* 每期都会展现一些优衣库的代表商品。报道的落点也很有意思，比如第一期的摇粒绒主要讲发展历史，第二期的牛仔裤主要讲可持续制作工艺。你是如何选择、确定这些内容的表现形式的？

K：制作杂志的具体内容时，服装设计团队不会参与。选取主题的时候我会和他们商讨，之后设计团队就根据这个主题去设计衣服，我则根据这个主题去做这本杂志。比如我们介绍摇粒绒的时候主要讲历史，是因为考虑到这种方式最能体现这个产品的魅力。当然，其他产品也是如此。优衣库有许多长久以来深受消费者喜爱的产品，比如，羊毛、牛仔布、保暖衣等。想介绍它们就要选

01 03 在 *LifeWear magazine* 中，木下孝浩通过多种方式表现优衣库的长销单品。
04 *LifeWear magazine* 与生活方式杂志 *Monocle* 合作了东京城市探索企划。

择不同的内容、采用不同的方法。

Q: *LifeWear magazine* **第二期后面收录了优衣库与** *Monocle* **杂志的东京城市探索合作内容。这个企划是你的团队完成的吗？**

K：我们 2020 年和 *Monocle* 合作做了一期企划，在 *Monocle* 上刊登了 8 页，在 *LifeWear magazine* 上刊登了 16 页完整版。这次合作由优衣库提出企划，我们和 *Monocle* 沟通过多次，最终采访

由 *Monocle* 完成。*Monocle* 做过很多有关城市的选题，还有同一系列的城市指南黑皮书，他们能以客观视角去呈现东京的特点。如果让我们做，我们可能很想把东京"推销"出去，说它这里好那里好，但是 *Monocle* 可以去写外国人眼中的东京，这可能反而是一种新鲜视角。所以我们最终一起做了这次的"东京旅行指南"。今年会有很多外国人来到东京，我们也希望能提供他们可能感兴趣的内容。

Q： *LifeWear magazine* **目前出版了两**

期。你觉得制作过程当中有什么有趣的地方？有什么困难的地方？以后你有什么新想法吗？

K：跳槽到优衣库时，我觉得我应该不会再做杂志了。很意外，这么快就又有了做杂志的机会，我很开心。眼下乃至将来，出版行业确实可能陷于困境。目前看，我觉得主要原因在发行、成本、人才等。从发行的角度来看，比起大型连锁书店，优衣库在店铺上有更多优势。经由这些店铺发放 100 万册杂志，就可以把杂志传到更多人手上。另外，计算商业化杂志的收入时，一般会考虑销量与广告收益，但 *LifeWear magazine* 不用在意这些。不过，我们也有市场预算。高层们觉得，即便要放弃拍一个广告，也可以通过杂志的方式来传达企业精神，我很认可这种想法。

我没有数字化媒体的编辑经验。我以前比较保守，认为纸面有纸面的好处，不太认可数字化，现在觉得数字化也有数字化的好处，但它必须是一个完全不同的媒介形式，我对那种"单纯的电子化"并不感兴趣——把杂志做成 PDF 形式，让它的内容变得支离破碎再销售出去，我非常抗拒这件事。考虑到一些读者更倾向阅读数字化信息，将内容制作成合适的表现形式，这很有意思。

现在做 *LifeWear magazine* 的数字化内容，我觉得可以发挥数字化的优势，比如可以加入视频，做一些比较长的报道。而且现在做这个电子版杂志的体制也建立起来了，我很愿意积极地作出尝试。

今后我也有很多新想法。因为每一季，优衣库都有很多想向受众们传达的东西。而且，我自己也有很多想去的地方，有很多想

见的人。刚发行的第二期里，我们采访了很有才华的米兰达·朱莉（Miranda July）、雪板运动员平野步梦（Hirano Ayumu）、服装设计师乔纳森·安德森（Jonathan Anderson）、艺术家丹尼尔·阿夏姆（Daniel Arsham）等人，跟他们聊了聊宜居话题，这真是让人激动。

Q：说起数字化，有段时间，美国的《连线》杂志就推出 iPad 版，他们当时和读者的交互方式就挺有特色的。但现在杂志做 iPad 版也不流行了。一些播客开始变得有人气，比如，*Monocle* 就做了"Monocle 24"。你会做这类尝试吗？

K：坦率地讲，我不是很擅长这种数字化的交互方式。我也没有读电子杂志，所以，什么方式能够更好地传递信息，什么是发展趋势，我也有那些把握不好的地方。但是我们公司内部有专门做数字化内容的团队，他们可以选择最适合传播的内容，去探索那些数字化内容的读者期待的方向，与读者们有效沟通。

（Monocle 24）那个很有趣。我们希望优衣库传达的电子化的内容能成为受众生活的一部分。以前我们做的（博客互动插件）"UNIQLOCK"就实现了这个目标。要是 *LifeWear magazine* 也能通过数字方式融入受众生活，与受众完成互动，我会觉得还是挺有意思的。

Q：在你看来，企业文化志和普通出版的杂志有什么不同？

K：以前，在我的印象里，企业出版物都仅仅是宣传企业的工具，没什么意思。但是几年前开始，一些公司开始制作高质量的出

在做这本杂志时，木下孝浩和团队采访了各领域的人物，以展现他们的生活方式。

版物，内容本身很有趣，图片也非常好看，甚至比公开出版的商业化杂志水平还要高，这让我很感兴趣。

比如（户外品牌）Patagonia 就一直做得不错，它已经做了十年，我仍然很期待他们做出新的东西。爱马仕的企业文化志也很不错。还有 Aesop 做的杂志也不错。这 3 本杂志风格都不一样，但是都非常有意思。还有，资生堂推出的《花椿》，它也有很长的历史了。这些杂志虽然都在展现企业的理念，但很厉害的是都能让别人产生共鸣。我们不希望把优衣库的企业理念强加给读者，而是希望能让读者觉得，"这种思考方式也挺不错"，这就是这本杂志的价值。

其实说起来，商业化杂志虽然有自由的编辑方针，但同时也有销量的压力。他们预算受限，也要考虑和广告客户的关系，各种限制都在增多。我现在感觉，企业文化志有时候反而比商业化杂志更自由。

我在做优衣库这个杂志的时候，最开始会担心可选择的内容是不是很少，但尝试之后发现，*LifeWear magazine* 有很广泛的延展性，而且很意外，可以自由地采访。一般来说，企业文化志都有非常明确的想要传达的内容，由此，制作内容也变得更明确、直接，我们就在此基础上，将想要传达的内容编辑组合成有趣的东西。

Q：所谓好的内容，对*LifeWear magazine*和 *POPEYE* 来讲，有什么不一样的地方？

K： 我觉得好的杂志是不想扔掉的杂志。因此，我也希望 *LifeWear magazine* 能成为让读者不想扔掉的杂志。Ⓜ

资生堂总部大楼橱窗陈列"pink pop", 1968。

銀座生態図

GINZA ECOSYSTEM ASSEMBLAGE

前期：銀座の生態観察　Observation of Ginza's ecology

植物や生物は銀座でどのように暮らしているのだろう？
日本最大級の商業地として発展してきた銀座は自然環境と無縁のように見えるが、
ふと路傍に目を配ると意外にもさまざまな植物や生物が生息していることに気づく。
そこには、時代を超えて佇むヤナギ、都心では中々見られない珍しい野良の植物、
銀座の屋上庭園を行き来する鳥たちがいた。

How are plants and animals living in Ginza?
Developed as one of the largest commercial areas in Japan,
Ginza seems far from nature, but when we look at the sides of roads
we notice the richness of nature that inhabit it;
the sight of a Willow tree standing strong beyond generations,
wild plants that are rare to see in cities,
and birds that come and go to the rooftop garden.

【銀座生態図】
銀座の江戸前に生息する生態をリサーチし、多様な生態と銀座との関係を展示しています。

日比谷公園 / 桑原方面

浜離宮 / 汐留方面

「銀座生態図」の展示は前期／中期／後期で構成され、2021年4月から2021年12月まで展示予定。
「前期」展示期間：2021年4月～2021年8月　リサーチ期間：2020年12月～2021年3月
Window Art / Keisuke Hori (SHISEIDO) & HAKUTEN CREATIVE

Ginza-Ronga-dori St.

Ginza-Gasto-dori St.

St.

Harumi-dori St.

Miyuki-dori St.

Matsuya-dori St.

Ginza-Makono-dori St.

Ginza-Yanaci-dori St.

Ginza-Yanaci-dori St.

SHISEIDO WINDOW GALLERY

Roof study model, scale 1:50
SANAA

SHISEIDO

资生堂画廊：
与艺术交织的百年

text / 刘舒婷 邢梦妮

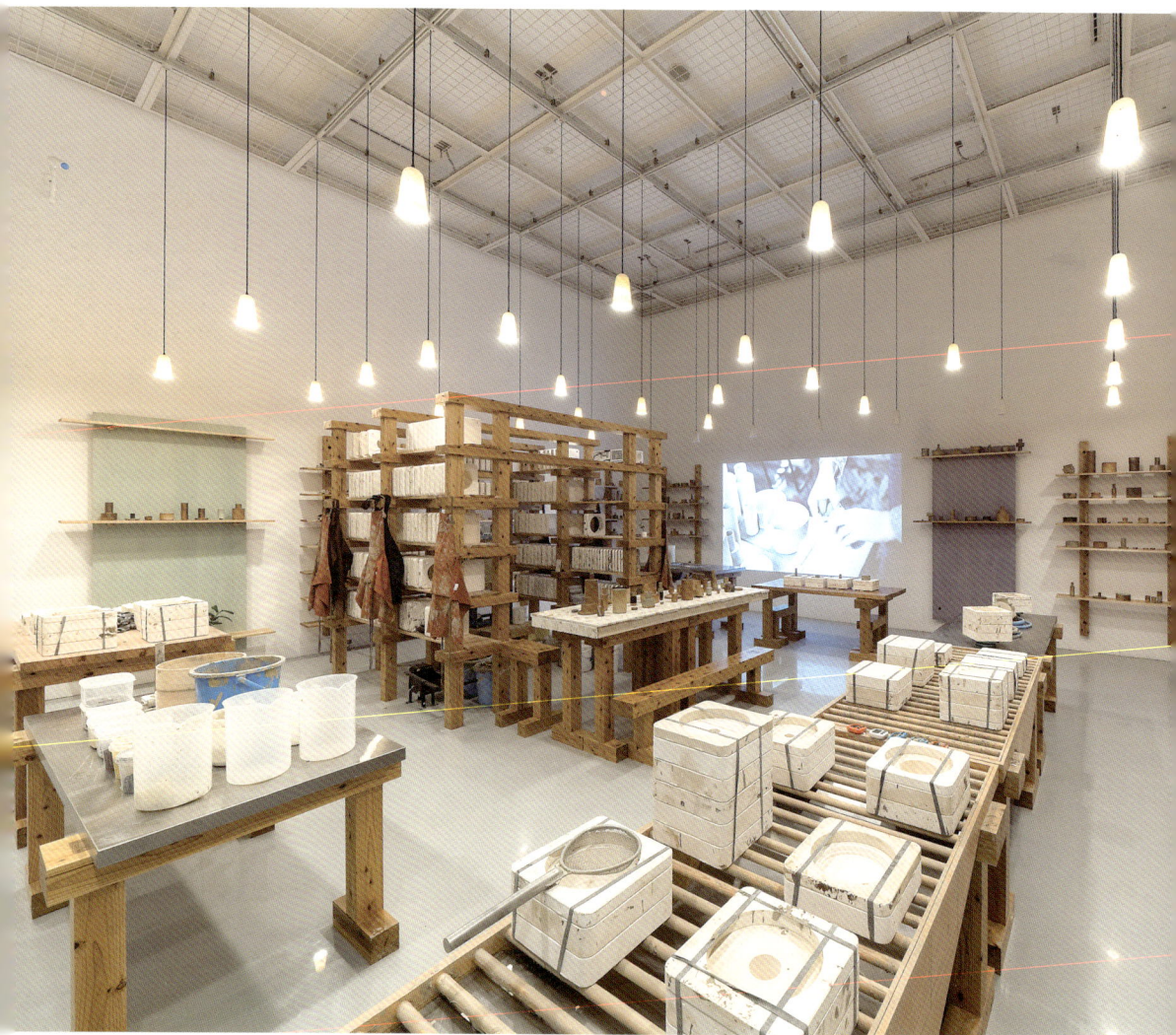

资生堂画廊已逐渐成为企业与文化之间的巧妙载体——企业通过画廊展现美学关联与艺术共生形态,获得更多社会价值;它本身既是普通人接触当代艺术的有效渠道,也是艺术家们展现作品、建立关联的重要支持。

1919 年 11 月,银座资生堂大楼落成,位于东京竹川町 11 号的化妆品部多出了一块地方。社长福原信三有了个想法:把 2 层设置为商品陈列空间,并无偿为年轻艺术家们开办展览。他叫来画家好友川岛理一郎,以一场"川岛理一郎个展"拉开了资生堂画廊的百年帷幕。

在那个年代,东京没有一家全年开放的博物馆,人们还不知道什么是"永久馆藏""藏品目录"。因此,资生堂画廊这样的都市艺术空间格外受人瞩目。福原信三乐得邀请他熟识的朋友,其中不乏愿意来开个展和团体展的艺术家。很快,画廊里张罗上了欧风镜台、花与香水、生活用具等符合摩登都市文化主题的展览会。仅 1920 年,资生堂就举办了 24 次展览会。

1923 年关东大地震发生后,资生堂的几家门店也随着银座在地震带来的火灾中燃烧殆尽。重建工作十分困难。最初几个月,银座总店只能以简易木屋样貌迎客,但福原信三从未想过放弃画廊——他向一位造访办公室的友人表示,尽管新址底层延续了过往构造,但这回,他要将楼上完全变成理想中的画廊。

过了五年,银座资生堂新馆落成,并于 2 层设置画廊。根据《资生堂月报(开店临时号)》,新落成的画廊"在采光及装饰上都费尽工夫,规模虽然不大,但作为开办个展或是小展览会的会场,我们有自信,它在东京都内是独一无二的"。

自此,资生堂画廊正式成立了,宗旨是"无偿为年轻艺术家提供展览

"艺术改变日常:福原信三的美学",2019 年 1 月 16 日—3 月 17 日。
assemble / THE EUGENE Studio II,photo / Ken Kato

01

02

资生堂画廊跨越大正、昭和、平成、令和年间，已成为日本历史悠久的画廊之一。
01 日本建筑师前田健二郎设计的资生堂画廊在 1934 年前后的样貌。
02 1938 年在资生堂画廊举办的日本画画家高木长叶遗作展。

场地，给予他们被社会认识的机会"。

新馆落成当月，资生堂画廊就策划了"银座回顾展览会"，重现往昔银座炼瓦街的风貌。这一方面是为了回顾银座历史，另一方面也借此展示画廊"银座文化地标"的身份。紧接着，画廊举办了第一届资生堂美术展览会，福原信三委托川岛理一郎、小林万吉、小衫放庵、山本鼎等艺术家好友提供新作。此后三年间，这样的展览会又陆续举办过 5 次。

福原信三习惯先与艺术家谈谈，再决定是否给他们展览位置。他热爱艺术，早年是一名摄影师，也参与了设计了资生堂的字体与商标——他的审美观念也奠定了画廊的美学基础。当时，资生堂画廊在年轻艺术家当中已小有名气，又对新秀姿态友好，不经意间引领了日本艺术风潮。

20 世纪 20 年代是日本前卫艺术发展的鼎盛时期，资生堂在这段时间开办"三科形成艺术展览会"，以纪念美发科、美容科、童装科 3 个科室的创立。

参与过资生堂画廊的展览会，往往还意味着别的机会。活跃在欧洲广告美术界的宇留河泰吕和以怪诞风格著称的玉村方久斗，在画廊开办个人展览之前，名字都曾出现在展览会的名单上。

后来，资生堂画廊举办了不少与前卫派、超现实主义等当时发展正盛的艺术系谱相关的展览。有两个展览值得一提——由 7 个前卫派团体联合组成的新浪漫派，举办了"新浪漫派绘画雕刻第一回展"，艺术家们多为毕业于东京美术学校的青年艺术家；日本早期超现实主义画家古贺春江的遗作

展，掀起了艺术界对超现实主义的讨论。

迫于战争，资生堂画廊经历了短暂停歇。战后，画廊作为"非营利艺术机构"重生，邀请今泉笃男、谷口吉郎等艺文界名人担任顾问，负责策展规划。

为了重振人气，顾问们策划了一次特别的展览。他们联合 17 位与资生堂渊源颇深的画家组成"椿会"——其中包括早年曾支持资生堂化妆品部的川岛理一郎、梅原龙三郎、横山大观等人，推出画廊第一届艺术家联展。

"椿会展"因此诞生。这实际上也是一场资生堂的专属美术展。最初，椿会展只展览日本画和西洋画两类艺术作品。随着时间推移，组织人员持续变动，展品也从绘画拓展到了雕刻、舞蹈、表演艺术等领域。组织结构上，不只新晋创作者，椿会也开始吸纳资历较深的艺术家。

截至 2021 年，椿会展共开到第八届，每一届的展期、艺术家、概念与主题都各不相同。画廊的位置因为资生堂大楼的改建、重装，发生过几次变动，但它始终在银座的某个角落对外敞开大门。

20 世纪 90 年代，资生堂也辗转到了福原家族第三代——福原义春手上，他在欧洲跑市场时，发现法国人喜爱资生堂的设计。美术是让消费者记住资生堂的捷径。他意识到，这些企业传承下来的东西，都是应该珍重的"文化资本"。

就这样，资生堂在他的主持下成立了企业文化部。这个部门不仅管理画廊展览业务，而且以当代美术为核心，积极宣传资生堂意

匠部兼具前卫性与纯艺术性的艺术创作。他们的第一份工作就是梳理画廊历史。

在时任京都国立近代美术馆馆长富山秀夫的监制下，企业文化部的员工齐心编撰出版了《资生堂画廊七十五年史》。他们得出了具体的事实数据——画廊创立七十五年间，总计举办了 3000 次展览会；逾 5000 名艺术家在这里展览作品；不少艺术家在资生堂画廊举办了自己人生首次个人展。

此时的画廊主要通过两种方式扶持艺术：一是以银座资生堂画廊的名义，购买艺术家作品、举办展览、资助年轻艺术家；二是赞助其他画廊或美术机构，定期举办与资生堂有关的艺术活动。

同时，由于资生堂走向全球，他们也放宽了艺术赞助的视野。比如，进军巴黎市场时，他们便计划开启了与法国卡地亚当代艺术基金会、卢浮宫装饰美术馆、蓬皮杜国家艺术和文化中心的往来与合作。

正是这个时候，文化上深受西方影响的日本，又扬起了一股"亚洲热潮"——人们开始反思，过度西化是不是让他们忘了根。时任资生堂企业文化部负责人的柿崎孝夫敏锐地捕捉到了这一潮流，随即邀请策展人费大

01 "第八次椿会：这个新世界"，2021 年 6 月 5 日 — 8 月 29 日。
photo／Ken Kato
02 时光——蔡国强与资生堂，2007 年 6 月 23 日 — 8 月 12 日。
03 "亚细亚散步"，东亚现代美术展，1994 年 1 月。

02

03

01

01 "石内都展 — Frida is"。photo／Masumi Kura
02 "莲沼执太：～ing"，2018 年 4 月 6 日—6 月 3 日。photo／Ken Kato
03 第 13 回 shiseido art egg "远藤薰展"，2019 年 8 月 30 日—9 月 22 日。photo／Ken Kato

146

02

03

为，在资生堂画廊开办引领了日本亚洲艺术热潮的"亚细亚散步"展。

这是日本首个亚洲专题艺术展。除了日本艺术家，"亚细亚散步"还发掘了不少来自中韩两国的年轻艺术家，如蔡国强、黄锐、周铁海等人。不少人成了资生堂的长期伙伴，蔡国强就是其中一位。

2001 年，资生堂标志性的红色大楼于东京银座落成，位于地下 1 层的资生堂画廊名列银座地区最大的艺术空间。画廊修订发展方向，以"继承传统，共时革新"、"召开面向全球、具有时代感的国际展览会"以及"推介年轻艺术家"为口号，完全自主策

展。同年，资生堂重组椿会，令更多年轻当代艺术家有机会踏足第五届椿会展，更加专注于当代艺术。

为了鼓励具有开拓性潜质的新世代创作者，践行"发现与创造新美"的理念，资生堂于 2016 年设立了 shiseido art egg 艺术大奖。评选每年举办一次，申请者不限年龄、国籍和艺术领域，但必须是定居日本、尚未成名的艺术家。评审会选出三位或三组选手——他们会获得资生堂冠名的创作基金，并能在画廊举办长达一个月的个展，还会得到专业的展览企划、宣传和陈列等支持。shiseido art egg 评审会阵容每年都不一样，但担任评审的均是当今日本最具权威与影响力的艺文界人士，建筑师妹岛和世、青木淳、隈研吾等人都曾参与过 shiseido art egg 的评审工作。

如今，跨越两个世纪，经历过关东大地震、泡沫经济破灭，以及第二次世界大战的资生堂画廊，已是日本现存的最古老的画廊之一。在资生堂内部系统里，画廊与位于日本静冈县挂川市，较晚建成的"资生堂艺术之家"和"企业资料馆"联动运营。每届椿会展一结束，展品便会被转移至向公众开放的资生堂艺术之家，企业资料馆则陈列着资生堂百年来的商品包装、宣传海报、广告物料和杂志印刷物等资料，从资生堂视角展示着日本社会文化与时尚风潮变迁。

企业文化部创立初期，曾有记者问福原义春，日本经济困难时，企业艺术赞助是否会受到影响。"只要资生堂企业存在，艺术赞助就会持续。"他这么说道。数十年后，当有人向 shiseido art egg 评选活动负责人森本美穗问出同样的话，她表示："公司将与艺术共生共荣，这是资生堂绵延百年的决心。" Ⓜ

Cai Guo-Qiang

蔡国强*

蔡国强：用火药和资生堂打交道的艺术家

text / 钟昂谷　photo / Stefan Ruiz 蔡文悠 林毅 Yoshihiro Hagiwara 辰巳昌利

....

*艺术家。1957 年出生于中国泉州，长居美国纽约。

在很多日本策展方与活动主办方眼里,
办蔡国强的展之前, 一并问问资生堂如何参与,
似乎已成一个"必经流程"。
他到底是如何成为资生堂长期支持的艺术家的?

蔡国强,《为"悲剧的诞生"所作彩色火药草图》(2020),火药、画布,200 cm × 300 cm,轩尼诗收藏。photo / 蔡文悠 提供 / 蔡工作室

2020 年 9 月 25 日,欧洲中部时间下午 3 点,两万发烟花从法国干邑的夏朗德河上的酒桶中发射,天空瞬间充满了绚烂的颜色。这是艺术家蔡国强的白天烟花爆破项目《悲剧的诞生》。在第一幕烟花爆破后,伴着一首李白的《将进酒》朗诵结束,蔡国强"玩"得很开心,声音转而高扬:"太壮观了! 李白太牛了! "

这场由白兰地品牌轩尼诗支持的艺术创作活动,并不是蔡国强第一次"放纵"。在火药艺术创作这个领域,蔡国强已探索了三十余年。2020 年,63 岁的蔡国强获得了第七届野口勇奖。这个奖每年颁发给"传承了艺术家野口勇创新精神、全球意识,并促进东西方文化交流"的建筑师、艺术家或设计师。

1986 年年底，蔡国强前往日本筑波大学留学。他的好友、当时担任故宫出版社社长的李毅华，委托时任故宫副院长的杨新帮他写了推荐信。在日留学期间，他获得了在日本稳定发展的故宫书画家李燕生的支持，也认识了高仿古画"二玄社"的老板、日本画家东山魁夷和书法家青山杉雨。蔡国强逐渐进入了日本的艺术圈。他也承认，"从材料的使用、与自然的对话到对艺术形式的纯粹追求"，他的作品都受到日本文化影响，追求"诗意、写意化"。

在日本近九年，蔡国强一直投身于现代艺术创作。他的作品展经日本公共电视台 NHK（日本放送协会）报道后，他也逐渐在日本打开了知名度。从 1993 年起，他成为资生堂长期合作的艺术家之一。

66

一个企业家，一个企业，他们跟一个艺术家应该怎样合作，应该有一个正确的态度，不应该只停在表面上。

99

Q = 未来预想图（Dream Labo）
C = 蔡国强

Q: 是什么原因让你选择去日本留学？一开始顺利吗？

C: 因为中国改革开放后有一个留学潮。我跑去日本是一个比较特别又很凑巧的机会，有历史原因，也有当时故宫博物院朋友的关系，这些渊源我都写进了《归来仍在路上》这篇文章里。当时做现代艺术的中国留学生，很多人都是去美国、欧洲，比如法国巴黎。

刚去日本时不是很顺利。我以为日本的现代艺术会蓬勃发展。但事实上，日本的主流艺术跟中国一样，还是相对比较写实，传统意识多一些。书法、油画这些比较容易拿到赞助。现代艺术的赞助也有，但不是很容易拿到。当时的企业并不太懂怎么赞助，我个人又不是很喜欢在画廊做展览。因为如果在画廊做展览，一直期待人家来买东西，会影响我视野的扩展。所以我一直想寻找一条比较独立的道路，但也需要考虑生存。对一个留学生来说，就需要得到支持。

得还不错。

Q：在寻找这条独立的道路时，你做了什么？

C：两方面，一方面是自己画一点写实的画。我看日本人都很喜欢中国的风景。马路上四处都插着各种旅行团的宣传册子，我随便去抽了五六家宣传中国旅行的小册子，每一家打开都有桂林，都有万里长城。那说明日本人都喜欢这些地方。

所以我就画一些这些风景的水彩，然后拿到人家的书店。书架上面肯定有空间，就让人家在那上面挂我的水彩画，卖了后通过分成等形式赚一点小钱。最近还看到有个拍卖行拿一张我画的布达拉宫在拍卖，好像卖

Q：布达拉宫是那时候画的吗？

C：对，都是那时候为了生存画的。因为我是舞台设计专业出身，知道什么样的画很吸引人，我还是有"让人看见舍不得不买"这种本事的。

另一方面，我很专心搞现代艺术。但日子过得很苦，苦得都有经典故事。比如说我吃了很久在日本超市买的东西，然后终于忍不住跟别人抱怨："日本人怎么会吃这么难吃的东西？"然后人家问："你吃了什么？"拿来一看，对方说："蔡桑，您还是搞艺术的，这个封面上印了一只猫，您不知道这是猫食吗？"

蔡国强，《万国大厅……》（2017），火药、画布，360 cm × 600 cm，艺术家本人收藏。故宫博物院西雁翅楼展厅一景，蔡国强对话巴洛克艺术与西班牙黄金时代精选作品，2020。photo／林毅 提供／蔡工作室

蔡国强个展《原初火球：为计划作的计划》(1991) 于东京 P3 艺术与环境研究院展览现场。七件火药草图作品，
火药、纸，装裱于木制六扇屏风，按图中左至右、前至后顺序：《胎动二：为外星人作的计划第九号》(1990)、
《再建柏林墙：为外星人作的计划第七号》(1991)、《月球、负金字塔：为人类作的计划第三号》(1991)、《重
燃烽火台：为外星人作的计划第八号》(1990)、《月蚀：为人类作的计划第二号》(1991)、《时空模糊计划》
(1991)、《大脚印：为外星人作的计划第六号》(1990)。photo／Yoshihiro Hagiwara 提供／蔡工作室

当时我在超市看到它比较便宜就买来吃，但不知道那是给猫吃的东西。因为在当时的中国，很难想象超市里有专门给猫生产的食物，在我的家乡都是把剩饭剩菜扔给猫吃。

Q：可你当时应该也是学了日语的呀（笑）。

C：嗯，我在日本上了两年的日语学校，但没有认真读。更多是在外面社交，寻找艺术的可能性。很快，自己选的这些路就逐渐被欣赏了：一个是使用火药，另外一个是做装置，installation。

在国外做爆炸创作活动的事被 NHK 知道后，他们做了我的访谈节目，在 NHK 早间新闻里播出了。当时这个节目应该有百分之七十几的收视率——大家会边吃早餐边看新闻。然后大家就都知道了一个中国留学生用火药在作画，用暴力的东西在创造美。在日本，将战争还有灾难的象征变成艺术和美是很敏感的。这有点像是东方哲学里的物极必反。

我还做了一个给外星人看的系列项目。我用

火药的能量表现宇宙主题。日本人很在意讨论人和宇宙、人和自然的关系。在日本当时的艺术文化里，很在意西方怎么样。但我想以超越东西方文化对比的状态做创作。我们的宇宙关系是什么样的？如果从外星人的角度来看，我们人类怎么样站在更高的层次来思考？1991年，"原初火球"这个个展在日本就很受欢迎。

那时，资生堂他们还没有开始介入。我也不知道我这种做火药爆炸的艺术家，怎么跟资生堂产生联系。

Q: 后来怎么认识资生堂的呢？

C: 一直到1993年，我在嘉峪关做了《万里长城延长一万米：为外星人作的计划第十号》爆破计划，这个事情几乎家喻户晓了，在日本很轰动，报纸上都是我的大照片。就连日本中小学教科书里也有印我的作品——我之所以知道这件事，是因为日本印教科书用我的照片，都要经过我同意。他们还采访了我几句话。他们很讲究，不会不管你的著作权的。所以我就光荣地登上了日本各种各样的教科书。

我倒不是吹自己，只想说，"万里长城延长一万米"这件事情在日本影响很大。这件事后，资生堂就主动找到我说："以后你干什么都告诉我们，我们能支持的就支持。"然后就有了我接下来在东京世田谷美术馆的展览。他们那时在做一个叫《秦始皇和他的时代》的展览，同时也在做蔡国强展。

Q: 所以那之后资生堂就一直支持你？

C: 对，那之后资生堂就开始赞助了。像我在广岛，结合广岛亚运会创作了一个叫《地球

也有黑洞》的作品，在广岛中央公园炸了一个黑洞，他们也赞助了，当时那个展览名叫《亚洲的创造力》。后来只要有我参加的展览，策展方都知道去找资生堂，肯定多少能拿到一点钱。

甚至到1995年，我参加威尼斯双年展，做了马可·波罗的船开进威尼斯的作品。当时用了一艘我家乡的帆船，载了100公斤人参开进去。这种事情他们（资生堂）也赞助，而且还不提名字。因为这个展览已经有了独家赞助商，有排他性，资生堂就悄悄在后面赞助了（我）一点钱，让我能够去看场地，把作品做得更充分。

Q: 到现在资生堂大概赞助了你多少？

C: 资生堂到现在为止大概赞助了我三十几个展览。任何一位日本艺术家应该都没有像我这样接受了资生堂这么多赞助。这件事是有象征意义的。

资生堂第三代社长福原义春先生当时担任日本美森拉协会（编注：公益社团法人企业メセナ協議会）会长。这是个专门做艺术文化支援活动的协会，像丰田汽车等公司都会加入协会，每年拿出一定比例的钱投到协会里，然后协会再不断地给他们宣传，今年有哪些展览，哪些活动需要赞助，然后大家再决定赞助什么项目。福原先生是协会的会长，资生堂赞助我的事情就成了日本企业赞助艺术家的一个典范。

我做的事很奇怪，比如跑到美国的核试验基地去放一朵小小的蘑菇云。你说这蘑菇云，能够在哪里展览吗？能够在哪里被介绍吗？有海报宣传吗？有主题开幕式吗？没有。所以只能通过企业赞助的形式来完成

它。重要的不是在海报上有没有写你的名字,而是你真的花了钱在帮助一个艺术家成长,推动文化的发展,也推动中日关系的发展。但资生堂没有动不动就拿中日关系来说事儿,这也让我很舒服。

中日关系在政治历史上一直非常复杂和敏感。但因为和资生堂的合作,它其实创造了一种文化艺术层面上人与人的交流,应该能超越这种政治历史中的高低起伏,带给社会一个更有希望的未来吧? 所以这件事情上资生堂也起了很好的作用。

一个企业家,一个企业,他们跟一个艺术家应该怎样合作,应该有一个正确的态度,不应该只停在表面上。

Q: 据说 2007 年有很多展馆邀请你做展,你都拒绝了。回到东京,你却在资生堂办了一场自己的个展。为什么呢?

C: 那时候我正在准备 2008 年奥运会的开幕式,忙得一塌糊涂。所以全世界有很多美术馆邀请我做展都要等着,像费城美术馆要办我的个展,等着等着,等到 2008 年奥运会结束后我再回去办展览时,馆长都去世了。所以后来展览开幕时,我在美术馆的外墙上炸了一朵花,献给她,叫作《花开花落》。

跟资生堂因为是有很深的缘分,所以我专门在那个很忙的时候跑去东京给它做了展览,叫《时光——蔡国强与资生堂》。主要作品是做了 4 张大画,分别叫春夏秋冬,表现岁月的流逝,然后在这 4 张大画之间穿梭了 99 艘黄金材质的小船。

Q: 为什么是 99 艘黄金的小船?

C: 代表一种无限的回忆吧,一片片小船像树叶一样穿梭。资生堂跟我合作的三十几年间,换了五六届企业文化部部长。每一届部长来,看到我跟他们的故事,然后会再继续支持我变成延续的故事。

Q: 和资生堂的合作期间发生过什么有趣的事吗?

C: 有一件好玩的事。到 1999 年年底,大家都开始在为 2000 年做准备,所以我也一直在想,能不能在干禧年的时候做一个回顾 20 世纪的展览。然后我就想和资生堂合作,提出能不能用味道来回顾 20 世纪。20 世纪有战争与硝烟,也有汽车与轮胎,有大发展导致环境破坏,也有汽油的味道,总之各种各样。

20 世纪也是人类开始大量使用香水的时代。资生堂专门派了公司里研究香水的世界大师级别的专家做我的顾问,教我怎么做味道、怎么判断味道,我也去资生堂考察和学习过。这个展览虽然最后没做成,但我想说的是,资生堂在意的不是给钱,而是帮助我的理想和项目,让我的事业能够一直发展。

Q: 用一句话形容你和资生堂之间的关系,你会怎么形容?

C: 很多记者也会问资生堂:"你们为什么赞助一个搞爆炸的?" 然后资生堂说:"我们资生堂的目标就是'创造与美'。蔡的艺术就充分展示了创造力和美,对我们来说是我们的vision(愿景)。所以愿意和他一直合作。"

Q: 近期有和资生堂开展艺术项目的新计划吗?

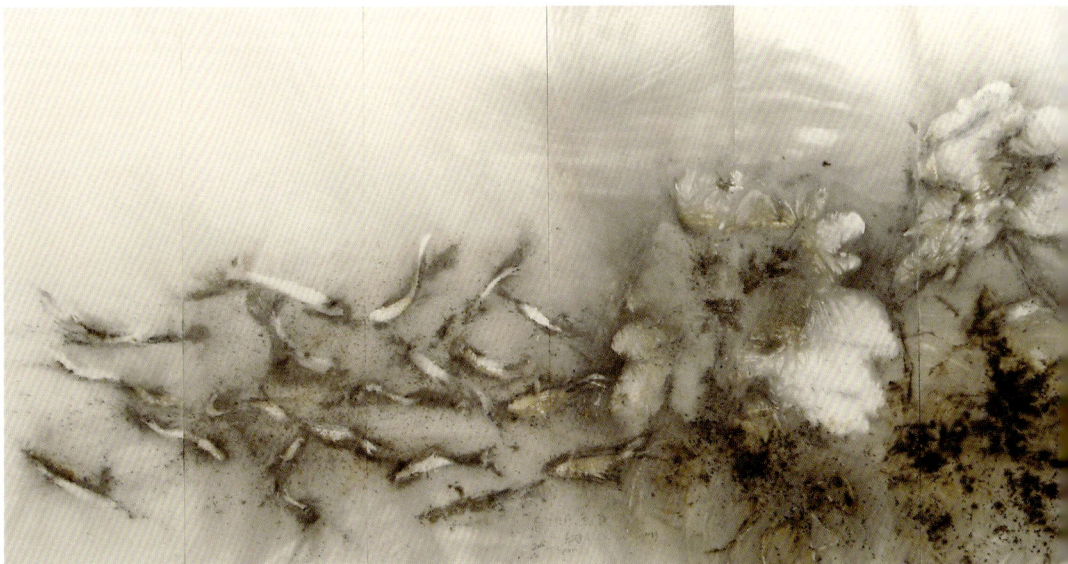

蔡国强,《时光: 春》(2007), 火药、纸, 装
裱于木制六扇屏风, 230 cm × 462 cm, 艺
术家本人收藏。photo / 辰巳昌利 提供 / 蔡
工作室

C: 当然我现在有很多活动是比较容易找
到赞助的。有些赞助很高, 有几百万美金。
但这不意味着资生堂的赞助就不要, 而是
应该让他们的钱多支持一些年轻的艺术
家, 不是我来一直占着这个资源。这几年我
就比较小心, 对于我来说, 哪怕 1 万美元,
它可能就影响了其他年轻艺术家的培养,
对吧?

2022 年我可能在日本做展, 但目前我不方
便透露更多。我估计到时候策展方肯定要
找资生堂, 因为每一次会议他们都说"资
生堂已经问过了哦(資生堂もう聞きました
よ)"。哈哈。Ⓜ

photo／佐々木瀬一

Chocolats "HANATSUBAKI"

BIS

SHISE
EST. 1902
GINZA TOKY
PARLO

photo／佐佐木謙一

CUIT

C

DO
U R

银座美食散步

text／杨丁　illustration／胡纯纯

任何一个真正的文化胜地，都需要一张"饮食地图"。

#谁塑造了银座街区美食文化？

01

银座的历史可以追溯至江户时代。1590 年丰臣秀吉派德川家康来到江户（今东京），在德川家三代的努力下，江户城初现格局。1612 年，德川家康将银币铸造所从静冈搬迁到江户，负责铸造、监管银或银币职能的幕府机关"银座"也由此诞生了。

德川幕府在江户规划建设了大量运河与水路，扩大了城区面积，并在运河沿岸与街道上，为搬至江户的众多大名（武家）配备了宅院，江户由此日益发展起来。当时的银座是一块聚集着手工职人与商人的"町人地"，德川

家康规划的街巷宽度有六丈，也就是超过 18 米，银座也就形成了宽阔的商铺街巷格局。

江户时期，随着浪人*与手工职人不断地聚集，银座出现了天妇罗、关东煮等各式方便快捷的餐食。

*在日本，浪人最初指离开户籍所在地去他国流浪的人。江户时代，牢人也被称为浪人，最初指那些失去领地与职位的人。在战国时代，牢人还可以去其他地方寻求机会，获得领地。但进入江户时代，德川幕府注重阶层稳定，牢人的上升机会被切断，渐渐地，牢人也被称为浪人。

1872 年银座大火，导致街区原本的木结构建筑损毁严重，时任东京都知事由利公正在银座旧格局的基础上，请英国建筑师托马斯·沃特斯（Thomas James Waters）参照伦敦街道，修建由耐火的西洋砖建筑组成的街区。19 世纪 70 年代末，由防火炼瓦组成的"银座炼瓦街"建成，新潮的西洋式炼瓦街与街道上的瓦斯灯成为日本近代化的标志，也是明治政府文明开化的象征。

明治维新时期，整个日本都流行起西洋文化，西餐自然也出现在了日本民众的生活中。许多洋食店尝试将西餐本土化，1895 年开业的炼瓦亭餐厅提供的和制洋食炸猪排，就是这种融合产物。

03

19 世纪末，银座进一步吸收西方文化，街道上逐渐聚集了销售咖啡、苏打水、帽子、烟斗等洋货的商店，以及文艺春秋出版社等文艺机构，从而逐渐吸引了许多文化先锋和外国人来到银座。银座成为象征日本文化繁荣与新潮趋势的街区。

20 世纪初，银座街上逐渐出现一些咖啡馆，开始销售诱人的可乐饼*以及蛋包饭，很受民众喜爱。资生堂就在这个时候推出了下午茶与西式甜品冰淇淋。1902 年，资生堂创始人福原有信访美归国后，模仿美国药店里设置 Soda Fountain（苏打水制造机）的形式，在资生堂药局店内进口了苏打水设备，设置"资生堂 Soda Fountain"，生产、销售苏打水与冰淇淋。这在当时是破天荒的举动，也吸引了一大批来尝鲜的日本人。

*可乐饼名字取自法语"croquette"，中文译名可能因日语发音"コロッケ"与汉语"可乐"的发音相近而得名。可乐饼是一种西洋油炸食品，将肉、鱼或贝类与蔬菜掺入芡料做成小方饼或小圆饼，蘸上面包粉入锅油炸而成。

04

好景不长，1923 年的关东大地震让银座再次遭到严重毁坏。灾后，随着东京丸之内区域的发展，松坂屋、松屋、三越等综合购物百货商店，以及剧院等大体量建筑与西洋式建筑相继出现，重塑了银座的街区尺度与文化内核。

1928 年，"资生堂 Soda Fountain"改名为"SHISEIDO ICECREAM PARLOUR"。店铺改建为两层西式建筑，开始销售西餐，并设有乐队演奏空间。将于 2022 年迎来开业 120 周年的"SHISEIDO PARLOUR"就是在这家店的基础上不断演变而成。如今，这栋共有十一层的店铺提供着甜品、咖啡、西餐、酒吧等多种产品与服务。

20 世纪 20 年代开始到战前，也是日本文艺界积极打破传统、探索新文化的繁盛期，诗人、学者、文人们纷纷扎堆在日本银座的洋食店、酒吧、咖啡厅，其中不乏太宰治、写出《阴翳礼赞》的谷崎润一郎、以热爱美食著称的小说家池波正太郎，以及艺术家藤田嗣治、电影导演小津安二郎等人。

05

20 世纪 50 年代末 60 年代初，日本渐渐走出战后经济低迷期。1964年东京成功举办奥运会，使得日本的国际地位不断提升。随着日本科技的不断发展，日本进入经济高速增长期。进入世纪之交，东京也掀起新一轮城市开发热潮，私铁线路的开发让东京城市向西蔓延，城市的繁华中心也被涩谷、新宿等"副都心"区域逐渐取代。

借着 1964 年东京奥运会的影响，许多高档西餐厅相继来到银座。1966 年开业的索尼大厦内，也引入了在巴黎颇有名气的马克西姆餐厅。

20 世纪 80 年代末到 90 年代初，伴随着日本国内大规模的地产开发潮，欧美高端品牌相继进入银座。它们也纷纷引入了餐厅或者咖啡店。香奈儿与法国名厨艾伦·杜卡斯（Alain Ducasse）于 2004 年在银座开了家餐厅——BEIGE Alain Ducasse TOKYO。Café Dior by Pierre Hermé 位于银座新地标 GINZA SIX 的 4 层，是迪奥与法国糕点名店 PIERRE HERMÉ PARIS 的合作店铺。BVLGARI Il bar 位于宝格丽银座旗舰店 10 层，白天以咖啡厅形态营业，晚间可以试一试洋酒，室内设计由意大利建筑师安东尼奥·奇特里奥（Antonio Citterio）负责。Hermès PUIFORCAT champagne Bar 位于爱马仕银座旗舰店 2 层，店内餐具使用了爱马仕旗下银制品品牌 PUIFORCAT 。

在经济低速发展的过程中，最近十年，访日观光客成为银座新的主流消费人群，银座涌现出一批针对观光客的免税店铺。即便是老牌百货店，也针对观光客热潮提出了新的重建战略。

日本餐厅注重米其林评价体系，银座街区藏着许多米其林餐厅与预约制餐厅。像是米其林三星餐厅数寄屋桥次郎寿司就有一家店在银座四丁目，老板小野二郎被称为"寿司之神"。这家餐厅需要提前三个月左右预约。

银座有许多百年老店。歌舞伎座落成于 1889 年，2010 年修缮旧楼时，在北侧增加了新的复合设施塔楼。银座也有一座醒目的钟楼地标建筑位于四丁目街区，始建于 1932 年，前身是服部钟表店，如今则是销售珠宝、手表等高级装饰品的和光百货。

银座也散布着一些知名建筑师的建筑作品。资生堂新翻修的红色建筑**东京银座资生堂大楼**，由西班牙建筑师里卡多·波菲尔（Ricardo Bofill）于 2001 年设计，他以红墙为特色的建筑语言契合着资生堂品牌形象。日本皇室使用的珍珠品牌御木本，在银座二丁目也有一座 MIKIMOTO GINZA 大楼，由 2013 年普利兹克建筑奖获得者、日本现代建筑师伊东丰雄于 2005 年设计。在引入中小业主、提出多业态混合公共空间的城市更新新想法的**索尼公园（Ginza Sony Park）***隔壁，**爱马仕大厦（Mansion Hermès）**也是幢吸引人的建筑，它由意大利建筑师、1998 年普利兹克建筑奖得主伦佐·皮亚诺（Renzo Piano）于 2001 年设计，他还设计了巴黎蓬皮杜艺术中心与大阪关西国际机场。如果在建筑史上寻找痕迹的话，新陈代谢派现代建筑师黑川纪章于 1972 年设计的住宅——**中银胶囊塔**也在银座八丁目街区内。略带遗憾的是，这座日本新陈代谢运动中重要的实验建筑，因年久失修，将被拆除。

不断更新的银座也有许多更年轻的新尝试——不仅是对老建筑的翻新，更是许多新业态与新商业空间的试验场。新型复合商业空间 GINZA SIX 将视觉 VI 系统交由设计师原研哉设计制作，中庭不断更新与艺术家合作的装置艺术；地下 3 层设有日本传统文化"能乐"演剧场——观世能乐堂；除此以外，顶层的屋顶花园也成为拥挤都市中聚集人气的开放空间。和它类似，数寄屋桥十字路口的东急广场 TOKYU Plaza Ginza，也是主打商业融合文化、艺术的创意综合体。商场 6 层的公共空间 kiriko lounge 以及顶楼的屋顶花园，都是人们在购物间隙休息聚会的好场所。

*有关索尼公园的更多信息，可参考未来预想图 mook 系列主题书第三册《新商业空间：就是要逛才有趣》。

京桥站

JR

MIKIMOTO
GINZA

Ginza Sony Park

银座一丁目站

银座大道

银座柳大道

TOKYU Plaza Ginza

银座站

和光百货

Mansion Hermès

GINZA SIX

东银座站

歌舞伎座

东京银座资生堂大楼

昭和大道

晴海大道

中银胶囊塔

中央市场大道

● 地标
● 地铁站

171

#银座美食地图

竹叶亭

种类：鳗鱼料理

地址：东京都中央区银座 5-8-3

电话：03-3571-0677

"辛勤工作了一天神清气爽，想要吃鳗鱼就去银座。"人们记住了日本和歌诗人斋藤茂吉的这句话。创业于1866 年的鳗鱼料理百年老店"竹叶亭"多次入选东京米其林指南，它的烤鳗鱼肉质柔嫩，为保证鱼的完整性以及口感，采用先蒸后炭烤的料理方式，待到品尝时，搭配料酒和酱油熬成的秘制调味汁食用。蒲烧鳗鱼与鲷鱼茶泡饭都值得推荐。

御多幸

种类：关东煮，居酒屋

地址：东京都中央区银座 8-6-19

电话：03-3571-0751

这家关东煮的老字号于 1923 年在银座四丁目开张，战后于银座八丁目并木大街重新开业。可选关东煮超过30 种。关东煮浓郁入味，米饭与酒都可与之搭配，所以，店里除关东煮外，也备有各式时令料理和酒品。不过，因为店铺名气大，出现了很多类似的名号，目前直营门店只有位于银座与新宿的两家店铺。

炼瓦亭

种类: 复古洋食店, 现代西洋料理店

地址: 东京都中央区银座 3-5-16

电话: 03-3561-3882

"说到勾起孩提时代乡愁的炸猪排, 到底还是银座的 '炼瓦亭'。"这又是一家被文学家点名赞扬的老店。说 这句话的, 是日本作家池波正太郎。作为日本著名的洋 食屋, 炼瓦亭的招牌正是卷心菜丝配炸猪排——当然, 日本各家炸猪排店摆出的菜式都会是这一种, 大家拼的 就是口味。炼瓦亭于 1895 年诞生于火灾后建成的银座 炼瓦街上, 最开始是家法国料理店, 随后推出了炸猪排、 蛋包饭等料理, 成为更加符合日本人口味的改良版"西 洋料理"。至今, 炼瓦亭仍保留着初创时的装修风格。银 座七丁目还有一家炸猪排老店"梅林", 是发明小口炸猪 排、炸猪排酱汁、猪排三明治的"元祖"店铺。

本店 滨作

种类: 割烹*

地址: 东京都中央区银座 7-7-4

电话: 03-3571-2031

这是一家关西风味的"吧台料理", 由和食料理界的明 星盐见安三创立于 1924 年。四年后, 他将"在坐在吧 台席位前的客人面前展现开放厨房 (临席料理)"的餐 厅形态引入东京, 改变了高级日本料理店将料理台和客 人分开、让客人坐在和式房间用餐的传统模式。吧台料 理不仅创造了新鲜的体验, 也体现着主厨的技艺, 对选 用食材的要求更加考究, 客人们也可以第一时间品尝到 主厨刚烹饪好的"标准味道"。此外, 还有一家位于银座 六丁目的割烹名店叫"割烹 中岛", 与陶艺家、美食家北 大路鲁山人渊源颇深。

*割烹, 强调制作日本料理时的"调理"感, 需要将肉类用菜刀切分, 再用火加以烹煮。 在江户时代, 割烹是高级料理店的代名词; 从明治时代到大正时代, 以大阪为中心, 让 客人与厨房面对面的"临席料理"形态打 破了以往让客人坐在隔间等餐的"料亭"形 态。如今, 割烹多指用相对可接受的价格享 用高级日本料理的临席料理店铺。

173

银之塔

种类: 西式炖菜专门店

地址: 东京都中央区银座 4-13-6

电话: 03-3541-6395

这家店离歌舞伎座不远，颇受歌舞伎演员们欢迎。店铺由一座三层仓库改造而成，店内还保留了以前金库的铁门。自 1955 年创业以来，银之塔专营炖锅和奶汁烤菜，口味一直不变。店内提供混合、牛肉、蔬菜、牛舌 4 种日式炖锅，汤汁浓郁。创始店主接受了光顾歌舞伎座的作家久保田万太郎和舟桥圣一的意见，为歌舞伎演员们开发能够平衡提供营养与能量的西式料理。他去法国餐厅 La Tour d'Argent 历练之后，回到日本以 La Tour d'Argent 的日语译名"银之塔"为名，结合日本人的口味重新设计了菜单。直到今日，以店内的特色鸭料理为原型的暖帘仍然挂在店铺门前。

银座木村家

种类: 面包房与西餐厅

地址: 东京都中央区银座 4-5-7

电话: 03-3561-0091

木村家创立于 1869 年，也是日本皇室面包的供应方，最有名的商品是酒种*酵母发酵豆沙面包。它是日本首家使用酒种发酵的面包房，会按 0.1℃和 1% 湿度的标准严格控制面团的发酵环境，并随时调整，面包上还会嵌入一朵盐渍樱花。位于银座的木村家是一幢 4 层高的旗舰店，餐品丰富，1 层销售各式面包，2 层提供咖啡简餐，3 层与 4 层分别是西餐厅与休闲法式西餐厅。木村家在首都圈有多家分店，百货店直营渠道的沿用"银座木村家"品牌，酒种面包使用 100% 全酒种发酵；便利店与超市渠道的则使用"木村屋总本店"品牌，此时的红豆面包采用酒种与面包酵母混合发酵。

*米、曲、水加在一起的发酵物。

银座 L'ecrin

种类: **法式料理餐厅**

地址: **东京都中央区银座 4-5-5**

电话: **03-3561-9706**

1974 年，法式料理店 L'ecrin 在银座四丁目开业。店铺装饰雅致古典，开业多年，有不少回头客与常客，它也是提供东京人非常喜欢的服务与料理俱佳、有仪式感的餐厅之一。光是红酒一项，就拥有从酒商共计 1.5 万瓶库存中挑选出的单品，不仅提供瓶饮，也可以按杯品尝。午餐时分，它也像很多名店一样，推出价格相对低一些的套餐，让人们可以尝试店铺的特色餐点。

No Bird

种类：爵士音乐餐厅

地址：东京都中央区银座 7-3-7 B1F

电话：03-6280-6006

No Bird 是一家创意意大利风味餐厅，主厨曾赴意大利进修，提供的是北意大利风格的餐点。餐厅菜品选用应季食材，菜单也会随之变化，同时配以高品质的酒类。就餐的同时，还可以欣赏爵士乐艺术家的表演。店家会照顾不同种类的客人，即便一人前行，也能有合适的座位"安放"。店内会有不同主题的爵士曲单。有顾客曾经担心能否听懂爵士乐的趣味，但当天恰逢演奏吉卜力名曲爵士改编版，倒是让人安心了不少。

喫茶 YOU

种类：咖啡简餐

地址：东京都中央区银座 4-13-17

电话：03-6226-0482

提到银座的蛋包饭，就逃不掉"喫茶 YOU"这个名字。这家咖啡馆于 1970 年开业，位于歌舞伎座附近。店内特色正是爽口不腻的奶油蛋包饭。客人们形容说，蛋皮有让人印象深刻的"融化"感。店内拥有柔软的布艺软椅，风格复古，也是许多歌舞伎演员经常光顾的老字号。同街区还有一家有名的西点老铺——WEST 银座总店，不同品种的派与曲奇会使用产地不同的黄油。WEST 的招牌点心是"树叶派"，店内的什锦饼干也是深受喜爱的东京特产。

Beer Hall Lion

种类：啤酒餐厅（Beer Hall）

地址：东京都中央区银座 7-9-20

电话：03-3571-2590

Beer Hall 其实是和制英语，在日语语境泛指主要提供啤酒的餐厅。Beer Hall Lion 于 1934 年开张，是现存最古老的 Beer Hall。店内从啤酒到餐点都可圈可点，生啤风味更是独特——不仅可以按风味选择，啤酒与酒泡还分别盛装，口感细腻。更值得一提的是它所在的建筑由知名建筑师菅原荣藏亲自设计。店内正面的马赛克壁画以丰收为主题，在灯光下熠熠生辉。它的内饰与桌椅摆放从创立到今天都未曾改变，席间密度颇高，一不留神就能听到隔壁桌的"秘密"谈话。如果你细心观察，说不定还能在墙壁上发现一些历史的遗迹。

Bar Lupin

种类：酒吧

地址：东京都中央区银座 5-5-11 地下

电话：03-3571-0750

这是间传说中的文坛酒吧。Bar Lupin 于 1928 年开业，位于日本文艺春秋出版社旧址旁，吧台式构造，提供洋酒、起泡酒、干马提尼酒、鸡尾酒等多种酒品。永井荷风、直木三十五、川端康成、太宰治等文豪，还有冈本太郎、藤田嗣治等画家，以及摄影家木村伊兵卫、浜谷浩、秋山庄太郎都是这里的常客。

摩登百年:
资生堂的西洋餐厅与点心

text / 江练

除了料理、服务、空间这些餐厅
带给顾客的核心价值,
SHISEIDO PARLOUR 本身
也促进了新文化的萌芽。

在日本,最初引进苏打水饮料的商家是资生堂——这个"豆知识"或许会让许多中国消费者感到惊讶。确实,资生堂除了有延续百年的化妆品,旗下的 SHISEIDO PARLOUR 还有同样著名的西洋点心与饮料。

资生堂与它们的关联,还需要追溯到创业初期的 1900 年。这一年,福原有信到巴黎万国博览会考察。途经纽约时,他惊讶于美国的药店里还同时售卖食品和饮料。致力于西洋化的他,模仿这种模式,在自己的店铺"资生堂药局"的角落里,也放置了一台新奇的苏打水制造机。这个角落,便是后来引领着日本摩登都市饮食文化的 SHISEIDO PARLOUR 的原点。

随后,资生堂在宣传广告里宣称这是最适合解渴的饮料,并且将苏打水作为化妆品"红色蜜露"(オイデルミン)的附赠品。一杯苏打水定价 25 钱*,红色蜜露当时也是同样的价格。这种促销对银座摩登女郎和新桥艺伎非常奏效,化妆品销量剧增,资生堂的苏打水也成为"银座名物"。

为了追求"纯正西洋风",福原有信从美国进口杯子和吸管,以求最大限度还原西洋风格。此外,这里还供应当时非常稀有的冰淇淋,里面加入蛋黄和柠檬香料,被人们称赞"极富法式风情"。虽然定价高昂,摩登男女、新桥艺伎,乃至作家名人仍纷纷前往,仿佛在资生

2001 年,西班牙建筑师里卡多·波菲尔融入百年前"银座炼瓦街"的元素,在原址重新设计了标志性的红色建筑"东京银座资生堂大楼",纳入了餐厅、商店、画廊等多种业态。

*我们可以通过一个未必严谨的方式简单估算一下这个定价的价值:当时一个红豆面包售价 1 钱,放在如今东京的物价水平,一个红豆面包大约 100 日元。以此推算消费力,当时的苏打水售价 25 钱大约相当于如今 2500 日元消费力,约合 150 元人民币。

堂吃过冰淇淋的人，才能称得上是真正的现代人。

福原信三在回忆父亲的创举时提到，清洁感也是引得人们关注的一大要因。当时还没有售卖饮品的店铺，人们对市井商人所制造的食物的卫生状况也颇有顾虑。但药房是关乎人命的地方，由药剂师售卖的饮品，带给人安全、卫生的印象——与药品同一生产标准，自然也值得信赖。尤其对于女性顾客来说，这里是能够带着小孩安心休息的地方。日本小说家森鸥外也常常带着小孩去店里吃冰淇淋，还评价说，"资生堂以外的（冰淇淋）都很危险"。

无论是"纯正西式"这一噱头，还是药局售卖饮料这一创举，都引得新闻媒体相继主动报道，为资生堂带来了巨大的广告价值。近年来，作为品牌策略的一环，不少化妆品品牌都尝试了咖啡店等"副业"，但资生堂在这一模式上，足足领先了一个世纪。

不过在当时，资生堂还是个初创品牌，在广告费用上非常拮据，因此转而以化妆品店铺本身为据点展开创意宣传，并顺利扩大营业规模。但关东大地震引发的火灾导致银座全被烧毁，资生堂开始重建。福原信三便借此机会将饮料角落扩大规模，彻底独立出来，成为可供上流社会社交的空间。

福原有信为资生堂引入的苏打水制造机。这也是日本第一台制造、销售苏打水的设备。

这个决策或许来源于他对环境的重视。在美国留学时，他就很关心都市规划、环境问题。他也认为，环境会对人类行为产生决定性影响，"将妇女束缚起来的，对于中国人来说是缠足，对于日本人来说是和服。要从这种生活中彻底得到解放，不仅仅是服装，必须先摆脱对榻榻米的执着"。

1928 年，由建筑师前田健二郎设计的SHISEIDO ICECREAM PARLOUR 正式以"西餐厅"定位开始营业。PARLOUR一词源于法语，意为"待客间"。虽然除了饮料和点心之外，还提供咖喱饭、牛排、可丽饼等正宗西式料理，但福原信三仍然在命名中融入了他们最负盛名的产品——冰淇淋。

这栋银座早期的高级西餐厅，是毗邻资生堂

化妆品部大楼的两层木造小楼。内部装潢豪华精致，天花板上挂着枝形吊灯。1 层有巨大的展示橱窗，正面放置着饮料柜台，内部是天井形式，有可供管弦乐队现场演奏的表演空间和舞场。入口两侧的楼梯通往 2 层，这里拥有直径达 2 米的圆形窗棂和剧院般的观景台。此外，餐具是带有资生堂 logo 的独家定制款，店内还有销售当时非常珍贵的西洋花的花卉部。对于当时的日本人来说，这是从未体验过的新型饮食空间。福原信三大刀阔斧的革新，在东京上流社会里刮起风潮。

作为一种新型的舶来文化与消费实践，资生堂通过 PARLOUR 这个品牌，将日本传统的"在茶室跪坐饮茶"变为西洋文化的

SHISEIDO ICECREAM PARLOUR（左侧建筑）的样貌（01，1928），当时，它正式以"西餐厅"定位开始营业。店内空间做了挑高设计，从 3 层的位置垂下水晶灯（03，1934），侧边还设有可供管弦乐队现场演奏的表演空间（02）。

"在咖啡厅坐着吃点心"，在日本人生活方式及饮食习惯的现代化进程中功不可没。并不习惯黄油或是乳制品的日本人，在现代化浪潮中逐渐亲近西洋饮食文化，也离不开资生堂的开拓。

此后，PARLOUR 一直作为资生堂的一条事业线，与化妆品制造事业共同构建着资生堂的营收版图。1954 年，资生堂将食品销售公司正式更名为"资生堂パーラー"（SHISEIDO PARLOUR），统筹旗下的餐饮与食品销售事业。

SHISEIDO PARLOUR 的规模也在不断扩大。此前，在 SHISEIDO PARLOUR 原址，建筑师谷口吉郎于 1962 年将其改建为地下 1 层、地上 9 层的"资生堂会

01

02

03

馆"。1973 年借着全面翻新，这座建筑又改名为 SHISEIDO PARLOUR 大楼。SHISEIDO PARLOUR初步形成今天的面貌是在 2001 年，西班牙建筑师里卡多·波菲尔融入百年前"银座炼瓦街"的元素，在原址重新设计建设了标志性的红楼。新建筑也随之更名为"东京银座资生堂大楼"。这座大楼的前几层还保留了 SHISEIDO PARLOUR 的称谓，继续着传承了百年的味道。

直到今天，这里仍然提供创业初期口味的苏打水和冰淇淋，1958 年登场的草莓芭菲也仍是备受推崇的甜点。厨师们不仅延续着持续百年的经典食物，也常常根据时令、特产等等推出新口味。

被称作饮食与文化发源地的"银座灯塔"，这座大楼并没有停止探索。8 层的 WORD SALON 是用来举办派对、会议的地方，其他楼层的美食均可以配送到这里。而 9 层的WORD HALL，则提供了一个让人们认识彼此、学习新鲜事物的空间。10 层的意大利料理餐厅 FARO 也致力于提供更国际化、更新奇的食物。在 11 层的酒吧 BAR/S，顾客可以惬意地聊天，饱览银座夜景。这样一栋大楼，几乎集合了所有的社交场景，不断带给人们更多新鲜的体验。

值得一提的是，除了提供西餐、西洋点心与饮料的高档餐厅，大楼的 1 层还售卖包装精致的西洋点心手信。

牵引着 SHISEIDO PARLOUR 的另一条重要历史线，是西洋点心手信。这段历史可以追溯到 1932 年前后最具代表性的点心——"花椿饼干"的诞生。饼干上的印花来源于资生堂经典的花椿 logo，装进同样印有花椿纹样的八角形铁罐里。仿佛是从最简单的配方里得来的朴素味道，就这样从银座传往各地。此外，SHISEIDO PARLOUR 制造的芝士蛋糕、巧克力等盒

1935 年时 SHISEIDO ICECREAM PARLOUR 的菜单。

1990 年在 SHISEIDO PARLOUR 销售的商品包装。

装点心，也成为银座独有的人气礼品。

二战时期，砂糖由政府制定价格甚至禁止售卖，各类物资都没那么容易入手，西洋点心更是成为"奢侈品"。店铺停业和倒闭屡见不鲜，点心制造业基本处于停滞状态，SHISEIDO PARLOUR 也沉浮于时代的洪流之中。直到 1952 年，砂糖及各种原材料的市场禁令终于开始解除。随后的十多年里，随着经济的快速复苏，西洋点心成为普通人很容易品尝到的美味，便于携带的独立包装也终于顺势大量登场。

如今，除了银座的资生堂大楼，SHISEIDO PARLOUR 在日本不少高级百货店食品层都设有售卖西洋点心的专柜，人们通过网络也可以轻松订购。为保证品质，旗下还拥有点心工厂和物流中心等供应链。

没有了豪华西洋建筑、侍者贴心服务及精致餐具营造出来的高雅饮食空间，点心的包装便成为传递品牌形象的重要途径。

如今在 SHISEIDO PARLOUR 银座本店销售的限定商品。

1990 年开始，西洋点心系列的包装就以亮蓝色和金色的组合创造了一个相当前沿的形象。当时担任《花椿》艺术总监的仲条正义负责了这次设计，他说："过去，在食物上使用蓝色是一种禁忌，当时这是一种浮夸的设计，因此我用了金色来调和。"

点心配方和顾客一直在变，因此包装也在持续变化着。2015 年，仲条正义以"银座前卫"为主题，为该系列的包装设计做了时隔 25 年的更新。唐草花纹的包装纸，是对

20 世纪 20 年代泽令花为资生堂设计的经典纹样的继承与改良。它以夺目的红色为基调，配合强烈的白色与黑色，传递出复古又摩登的气息。SHISEIDO PARLOUR 的 logo 本身并没有改变，只是增加了一个框架，以强调略带复古的形象。

对于这次更新，仲条正义说："虽然'Avant-garde'这个词的意思是被破坏和更新，但也会让人联想到'Russian Avant-garde'*，有些复古和怀旧的感觉。因此把

两种感觉都融入了设计中。"

西洋点心包装大受欢迎，反而成为店铺招徕顾客的噱头。2019年，SHISEIDO PARLOUR银座总店再次重新装修。此时仲条正义已经86岁，但仍在为仅在总店售卖的限量产品做包装设计。这次的新包装以"银座八丁目的故事"为主题，主色调为红色，以"融合了传统和时尚"的千鸟格为基底，加入可爱的小孩或是小狗的插画，还有罗马数字"8"。

点心包装曾经的主要概念色是蓝色、黑色和白色，但这次仲条正义选择了最具活力的红色。他认为，这是象征着"华丽焰火闪耀的时刻"的颜色。银座八丁目也是仲条正义小时候最喜欢的街道，他对这条街的记忆主题词是"时尚"。所以在思考何为时尚与传统的时候，他脑中第一个浮现的便是千鸟格。有意思的是，这一年，银座的街头流行起了千鸟格图案。

SHISEIDO PARLOUR的历史跨越百年，迄今仍是颇有人气的西餐厅。曾任SHISEIDO PARLOUR总店店长的菊川武幸在《我的SHISEIDO PARLOUR物语》中将这座餐厅的人气秘密归于传承，"将父母到子女，子女到孙辈的世世代代相联结，喜爱就会被延续下去"。至于能一直延续下去的秘诀，他认为是那些"让人怀念的，却又焕然一新的东西"。

除了料理、服务、空间这些餐厅带给顾客的核心价值，SHISEIDO PARLOUR也在提供让新文化萌芽的契机。不同年代的"摩登"感与历史环境相连，彼此印证。它或许来自SHISEIDO PARLOUR提供的美妙空间，或许源于一盒传承百年的点心。●Ⓜ

*俄罗斯前卫艺术，19世纪末至20世纪30年代初期勃发于俄国及苏联的各类艺术运动的总称。

SHISEIDO PARLOUR
对资生堂有什么价值？

text／钟昂谷　photo／SHISEIDO PARLOUR

它总被称为化妆品公司"不务正业"的业务，
却成为日式洋食口味的开拓者，
留下了一盒盒人气西洋点心，
甚至开出了米其林三星法餐。
它到底有什么秘密？

在东京银座八丁目的那座暗红色大楼里，你既可以找到资生堂旗下
开了近百年的老铺餐厅——SHISEIDO PARLOUR，也可以找到
印有花椿图案的花椿饼干——它是颇受日本人喜爱的传统口味人气
西点。

化妆品公司资生堂即便是做了餐饮，也一直在影响潮流尖儿上的人
物。1902 年，资生堂药局创始人福原有信将苏打水制造机搬回位
于银座的资生堂药局。没多久，"气泡水"这个词就开始频繁出现在
日本文学里。出生于 1901 年的日本小说家梶井基次郎就曾公开表
示，他最爱点一杯飘着柠檬味的气泡水。

有趣的是，这份餐饮事业又颇有东方特色。明明是西餐厅，
SHISEIDO PARLOUR 却从一开始就定下个规矩：所有的菜肴
都应该满足"下饭"这个标准。正常来说，西式料理并不在乎"米
饭"这一角色。但对日本人来说，米饭承担着"主食"功能。所以
SHISEIDO PARLOUR 遵循日本人的饮食习惯，推出了有自己特
色的可乐饼、咖喱饭、蛋包饭。

即便是最近几年，资生堂的餐饮事业仍在不断扩张。2019 年，由
SHISEIDO PARLOUR 运营管理的 S/PARK Cafe 开进了横滨

SHISEIDO PARLOUR 推
出的可乐饼与炸肉排主厨推
荐菜单。

的资生堂全球创新中心。这是一家提供创意料理和咖啡的轻食餐厅。空间的白色与简约吸引了不少附近居民前去拜访。2020 年，SHISEIDO PARLOUR 在东京原宿车站附近新开了一家附带咖啡轻食的西餐厅 SHISEIDO PARLOUR THE HARAJUKU，提供一些新式日式洋食。店铺内，一整面玻璃窗正对着明治神宫郁郁葱葱的树林。

至此，SHISEIDO PARLOUR 旗下运营着西餐厅 PARLOUR、法式料理 L'OSIER 与 LE SALON JACQUES BORIE、意大利料理 FARO、咖啡餐厅神椿 5 个餐厅品牌，共 11 家餐厅。其中，法式料理 L'OSIER 获得了米其林三星，FARO 也获得米其林一星。SHISEIDO PARLOUR 的餐饮版图内，至此也拥有了包括餐厅、咖啡厅、酒吧、点心商店等在内的多种业态。

我们采访了资生堂集团餐饮事业 SHISEIDO PARLOUR 公司社长石龟佳幸，与他聊了聊 PARLOUR 这个品牌的价值与意义。我们也找到了 SHISEIDO PARLOUR 厨师长仓林龙助与甜点师苗山和彦，与他们谈了谈 PARLOUR 背后的那些故事。

> 66
>
> SHISEIDO PARLOUR 从一开始就定下个规矩：所有的菜肴都应该满足"下饭"这个标准。
>
> 99

Q = 未来预想图（Dream Labo）
I = 石龟佳幸（Ishigame Yoshiyuki）

Q：在百年经营中，SHISEIDO PARLOUR 在室内设计与用品选择上改变了什么，有什么没变？

I：1902 年，资生堂开始在药店里制造并销售苏打水和冰淇淋，这件事成了 SHISEIDO PARLOUR 的起点。一直到 1928 年，"资生堂药局"这家日本最早的西式药店与苏打水制造机都位于银座八丁目的两层建筑里。1928 年，SHISEIDO PARLOUR 正式成为一家餐厅，到 2022

Ishigame Yoshiyuki

石龟佳幸*

SHISEIDO PARLOUR 社长。曾在大型百货店工作 37 年，2019 年 7 月起任职。

01

02

03

年，PARLOUR 品牌就成立 120 周年了。

2001 年，十一层的资生堂大楼，也就是现在我们所处的这栋红房子建成了。这里也是资生堂药局与 SHISEIDO PARLOUR 最开始的地方。在此之前，大楼经历过多次改造。比如在 1962 年，这里由谷口吉郎设计，建成了地下 1 层、地上 9 层的资生堂会馆。多次改造后，店内的设计自然也是变了

04

05

06

这里是资生堂旗下的百年餐厅——SHISEIDO PARLOUR 所在的东京银座资生堂大楼主入口（01）。橱窗里常年有各类艺术作品展示。进入建筑后首先会见到一个点心商店（02），往楼上走，陆续分布着 SALON DE CAFÉ（03）、银座本店 SHISEIDO PARLOUR（04）、BAR/S（06）。早年从意大利运来的教会里的 3 块彩色玻璃花窗，如今被安置在 SHISEIDO PARLOUR 5 层的包间窗户上（05）。

很多，但也有一些没变的地方。

第一点是那些从意大利运来的教会里的彩色玻璃花窗。在很早的时候，SHISEIDO PARLOUR 还是幢两层建筑物，它旁边的化妆品部的大楼（现福原银座大楼）的窗户就使用了这些彩色玻璃花窗。

1973 年，法式料理 L'OSIER 在翻修后的资生堂会馆开业，这些花窗又用在了 L'OSIER 店里。到 2019 年，资生堂大楼再次更新，3 块彩色玻璃花窗则被安置在 SHISEIDO PARLOUR 5 层的包间窗户上。

第二点是 SHISEIDO PARLOUR 的餐厅中庭。1928 年，SHISEIDO PARLOUR 正式开业。当时在 2 层设有西洋管弦乐表演舞台。为了让客人都能听到音乐，打通了

2 层与 1 层的中庭空间。这部分的设计如今也得到了延续。比如现在的 SHISEIDO PARLOUR 4 层与 5 层之间，也保留了这样的中庭，从 5 层能看见 4 层整个大厅。这部分设计之后也会一直传承下去。

最后一点与餐具相关。SHISEIDO PARLOUR 的碗碟上印有资生堂的花椿 logo，这都是从上一代传承到现在的设计。

Q：在尊崇传统的基础上又该如何创新呢？

I：1900 年，资生堂的创始人福原有信去参加巴黎世博会，在回程时路过美国的药房，在店里发现了苏打水制造机——药房为了让人们更容易喝下苦味的药而准备了苏打水。福原先生看见这些药房挤满了客人，深受震撼，决定将苏打水制造机引入日本。1902 年，资生堂药局从美国引入了这个设备。除了苏打水制造机，因为当时的日本还没有生产过吸管与糖浆等材料，所以这部分材料也一同从美国引入。这就是 SHISEIDO PARLOUR 的开始。可以说，SHISEIDO PARLOUR 从最开始就一直贯彻"本物志向"的理念。用日语来解释，就是"本场、本格、本物"，意思是所有都要用最原始最正宗的东西。嗯，"本物志向"是资生堂整个企业的"基石"，在这个基础上，要不断应对客人日益变化的需求，我们自然需要创新。要考虑传统与革新的平衡，传统才能传承下去。

比如 2019 年 4 月在横滨开幕的资生堂全球创新中心里的 S/PARK Cafe，就是由 SHISEIDO PARLOUR 创立并运营的品牌。店里的菜单都是重新设计与定制的。

为什么要单独再做一个这样的品牌呢？比如说，资生堂在研发新的适合不同人群的化妆品时，整个过程是一个学习的过程。顾客也会在这个过程中感受到新东西。这也就是为什么我们想要做一家新的咖啡馆，而不是在 PARLOUR 品牌下重新做一个咖啡馆，因为我们想给顾客们带来一些全新的感觉，这就有了 S/PARK Cafe。

Q：S/PARK Cafe 这个项目是资生堂总部提出还是 SHISEIDO PARLOUR 主动提出的？

I：它是一个双方共同启动的项目。自然是有资生堂总部给出的概念，但 SHISEIDO PARLOUR 这边也做了很多评估和考量，考虑它对不同顾客会产生什么效果。

Q：SHISEIDO PARLOUR 与资生堂各个事业部门还有什么其他联名互动吗？

I：资生堂大楼底下有一个画廊。前段时间我们做了一个"记忆的美食·诹访绫子展"。诹访绫子是一位香味研究员。除了展览，她与我们 FARO 餐厅的主厨合作了一个料理项目。这道料理会在诹访绫子展览期间一同对外开放。顾客在画廊里充分享受展览中的各种香味带来的愉悦后，可以去楼上的 FARO 品尝为这场展览特别企划的原创料理。这种企划也非常受欢迎。

Q：你认为 SHISEIDO PARLOUR 对于资生堂是怎样的存在？

I：之前听鱼谷先生讲故事，他说明明资生堂在卖化妆品之前、还是药店的时候，店里就已经在卖冰淇淋了。在资生堂内部，我们也认为，资生堂的起源不是化妆品店，而是 SHISEIDO PARLOUR。然而海外的朋友经常会问：为什么资生堂作为一家化妆品公司，还要做餐饮？ 鱼谷先生就说：不不不，我们是在正式做化妆品之前就开始做 SHISEIDO PARLOUR 了啊。

另一部分是我在书上看的。资生堂名誉会长福原义春说过，资生堂化妆品最初的品牌形象分明就是 SHISEIDO PARLOUR 提升的。不是资生堂的化妆品让大家了解到资生堂的高级感和"本物志向"理念，而是 SHISEIDO PARLOUR 从一开始就提升了资生堂的整体形象。我想这可能就是资生堂集团成立以来 SHISEIDO PARLOUR 的地位。

因此，作为社长接手它的时候，我就下决心，绝不能让它失去这个形象。毕竟 SHISEIDO PARLOUR 永远都是资生堂高级感形象的"本体"。我认为在 SHISEIDO PARLOUR 工作的人的使命，就是维护好会产生这种协同效应的品牌形象。

Q：现在的银座资生堂大楼各楼层侧重于不同的餐饮品牌，装饰风格也有所不同。具体有哪些定位上的差别？顾客都是什么样的人？他们有怎样的评价？

I：3 层 SHISEIDO PARLOUR SALON DE CAFÉ 的芭菲甜点很有名。在日本，芭菲很受女性欢迎。所以在 3 层咖啡厅，女性客人数量呈压倒性趋势，而且以二三十岁的女性为主。

4—5 层的 SHISEIDO PARLOUR RESTAURANT 以 40 — 60 岁的客人为目标群体，相较于 3 层咖啡厅，顾客年龄层会更高，消费力也会更强一些。同时也会有很多一家三代、一家四代的家庭前来光顾。

比如我出生于昭和年间，我的女儿们出生在平成年间，而她们的孩子都出生在令和年间，加上我就是三代人，周末都会来这里吃饭。

10 层的意大利料理 FARO 是面向海外持续传递"美意识"的空间。很多朋友告诉我说，FARO 创造的菜品真是太美太惊艳了。我们感觉来 FARO 的客人当中，对食物特别讲究的男性会多一些，男女比例为 6:4 左右。

11 层为酒吧 BAR/S，它是一个能看见天空的酒吧。可以在这里开 party，和朋友聊天。我们期待把它做成在银座就算女性单独前来也可以很放心的空间。

Q：2018 年，SHISEIDO PARLOUR 翻新了意大利餐厅 FARO。为什么要做这类变革？

I：虽然之前的"FARO 资生堂"以及它的菜品都很受欢迎，但我们想要做一些革新，传递新的形象，吸引新粉丝。老实说，之前的 FARO 虽然受欢迎，但客人会比较固定。为了革新 FARO，我们从意大利请来了主厨能田耕太郎——他是当地首位取得"2次摘星米其林"成就的日本人。在他的带领下，餐厅开始焕发生机，因为提供了完成度很高的素食菜品，新客人源源不断地增加，这对一家餐厅来说是很重要的。

还有 FARO 的甜点师加藤峰子，虽说她是日本人，但她学生时代在意大利与英国待过，加上活用了在意大利长期工作的经验，她做的甜点很有独创性。我们不会要求她去思考本地化，希望她可以自由地表达自己的想法，去做一些原创的料理，表现 PARLOUR 的价值观和美学。

你可能已经看过她那个有一朵花的代表作——特别创作"花之挞"。整个制作过程需要花很多时间和精力。不过真的太漂亮了，我觉得真的很好吃！大家一定要来 FARO 尝尝。

Q：2019 年，东京银座资生堂大楼也翻修了一次。这次又有什么变化？

I：资生堂的名字取自中国《易经》中的"至哉坤元，万物资生"。"万物资生"是万物诞生的意思。这也是整栋东京银座资生堂大楼的设计概念。从 1 层大厅到 11 层，你都能看到"万物资生"有关的设计元素与装饰。建筑从地面向空中延续的概念，也以光的渐变感体现在不同楼层的内部设计基调上。这次翻修遵循的理念为"革新与继承"，从那些延续至第三代、第四代的客人，到从海外来的新客人，我们都会为他们提供舒适的优质空间，并且持续提供无微不至的服务。

Q：SHISEIDO PARLOUR 的甜点也是长销商品，它是如何研发的？

I：早期，我们会从海外进口一些产品放在店里，当伴手礼卖给客人。大概从昭和年代开始，我们也渐渐自己生产点心产品，比如花椿饼干。

新年、情人节、夏季、万圣节、圣诞节这种季节限定产品销售终止之后，我们会根据实际销售业绩与顾客反馈作出分析，这也与之后的商品企划开发紧密相连。至于平时销售的定番商品，我们也会时刻把握、每月分析，包括季节商品在内的次年年度商品计划，会在每年进入第三季度时开始确立。

Q：甜点在 SHISEIDO PARLOUR 生意中有什么样的地位？

I：以点心为主的食品制造销售事业，是与餐厅事业并重的 SHISEIDO PARLOUR 的两大根基。点心食品事业已经铺进了全日本的百货商店、车站、机场商店。因为是东京银座老铺品牌，SHISEIDO PARLOUR 的商品也受到了顾客们的信赖，在商务人士中需求也很高。

Q：SHISEIDO PARLOUR 似乎也进入了海外市场？

I：目前在亚洲有 3 家分店，最开始是新加坡，接着是中国台湾，最后是泰国。全部都是伴手礼店，没有餐厅。

Q：这些店营收怎么样？

I：嗯，这不是什么大生意。只是因为每个国家都有 SHISEIDO PARLOUR 甜点的粉丝，他们希望在海外也能购买我们的甜点，所以我们和资生堂的化妆品店一起合作运营。这只是我们的一个尝试，到目前为止效果还不错。

Q：未来会在中国大陆开店吗？

I：好像在中国大陆有很多因素需要考量，当时在台北也是一样的问题。SHISEIDO PARLOUR 在日本关东地区有工厂，但在海外没有，要考虑保质期等很多挑战。但我们肯定想尝试一下。2022 年是资生堂成立 150 周年、SHISEIDO PARLOUR 创业 120 周年，说不定会有一起合作活动的机会。我们也期待今后能有在中国展开业务的机会。

Kurabayashi Ryusuke

仓林龙助*

2020 年 3 月起，担任 SHISEIDO PARLOUR 第 14 代厨师长，至今已在 SHISEIDO PARLOUR 工作三十余年。

Q = 未来预想图（Dream Labo）
K = 仓林龙助（Kurabayashi Ryusuke）

Q: SHISEIDO PARLOUR 已经有很长时间的历史了，经典菜品要如何延续那些"经典"口味？

K：比如 SHISEIDO PARLOUR 有各种特色咖喱，它们是有菜谱的。但并不是说跟着菜谱上的指示操作就可以称得上把它们做出来了，最重要的是将基本的菜谱与通过五感体验过的记忆结合，以将其牵引出来。制作传统口味时，要在这些菜谱的基础上，将这种五感体验过的记忆与迄今为止累积的经验传达给后辈们。

Q: SHISEIDO PARLOUR 最受欢迎的菜品是什么？

K：当然还是以特色日式蛋包饭为首，牛肉浓汤与咖喱饭也很受欢迎。

Q: 近年来，菜品上有什么创新吗？

K：为了让那些在糖分摄取上受限的顾客和在意糖分的顾客也能享用美食，我们开发了低糖料理。

66

啊，这真好吃，一定要让客人也尝尝。

99

01

02

Q：菜单有更新过吗？

K：除了甜品与饮料，餐厅里主要有两种菜单，一种是 SHISEIDO PARLOUR 的定番主菜单，第二种是主厨推荐的季节菜单。

SHISEIDO PARLOUR 的定番人气主菜单一年有两种，分别为夏季菜单和冬季菜单。使用季节食蔬制作的主厨推荐季节菜单每个月都会更换主题与菜品。

Q：如何确定主厨推荐菜单中每个月的主题内容？

K：比如 2020 年 6 月，我们做了青森主题的菜单。那时候我就去了青森。因为 6 月是青森最好的季节，有很多好的食材。我会和当地的农家或者打鱼的人见面交流，吃当地的美食。如果吃到一道菜让我觉得"啊，这真好吃，一定要让客人也尝尝"，那我就会把它加进 6 月的菜单里。

再比如，这个月是可乐饼与炸肉排主题菜单。根据不同食材，面衣与炸法会有变化，

因为种类众多，可以根据客人喜好做成拼盘，所以获得挺多好评的。

每个月的主厨推荐菜单会结合顾客反馈与销售结果作出分析，每年都会讨论在不同季节的企划方案。

Q：我们看到 SHISEIDO PARLOUR 旗下还有其他餐厅，比如在原宿的 THE HARAJUKU。这些餐厅也是厨师长你来决定菜单吗？

K：这些店铺除了 SHISEIDO PARLOUR 特有的菜品之外，其他菜品菜单基本都是店里的主厨自己决定的。当然我也会过一遍菜单，综合评定，给一些建议。

Q：你认为 SHISEIDO PARLOUR 的日式洋食有什么独特之处？

K：从前人那儿继承下来的传统是 SHISEIDO PARLOUR 要做"卜饭"的菜。而且我们不会在乎多花工夫，会推敲食材，所有料理都是手工制作。

SHISEIDO PARLOUR 遵循日本人的饮食习惯，推出了有自己特色的可乐饼（02）、蛋包饭（03）。它还会有套餐，比如东京银座资生堂大楼 20 周年纪念套餐（01）。

03

Naeyama Kazuhiko

苗山和彦*

....

2008 年加入 SHISEIDO PARLOUR，2019 年起担任点心工房长。

Q = 未来预想图（Dream Labo）

N = 苗山和彦（Naeyama Kazuhiko）

Q：你是怎么成为 SHISEIDO PARLOUR 的甜点师的呢？

N：我在年轻的时候，其实不知道有甜点师这样的职业。我是在乡下长大的，当时在电视中看见了很漂亮的甜品点心，很想自己也做出这样美丽的东西，就思考着不如转行试试吧，所以选择了这条路。

进 SHISEIDO PARLOUR 是因为我认识的一个前辈在 SHISEIDO PARLOUR 做主厨，他问我要不要来 SHISEIDO PARLOUR 试试看。于是我就来了银座，看到这里的橱窗、这栋建筑，我很喜欢，就想来这里上班。最后就进入了 SHISEIDO PARLOUR。

Q：对你而言，美是什么？甜品中的美又是什么呢？

N：我认为"美"有很多层面。"美"味的食物也是美，单单这么看着就觉得很贵很高级的物品也是美，感觉是基于多方面的。

至于甜品中的美，我会注重视觉层面，比如颜色、形状等。尝试一番后会觉得，"啊，果然那样的颜色和形状配合在一起是最好的"。我曾看见某个甜品中放入了很绚烂的蓝色。但在这世上，你很难找到蓝色的食材。那时我就很惊叹，也会思考这样的美会不会打动客人。

Q：你印象最深的甜品作品是哪一个？

N：大概是四五年前为圣诞节制作的一款蛋糕。一般都是用香草做蛋糕，但我当时想到用一些南方的水果结合莳萝叶去做做看。为了让整体口感更好，最后做成了焦糖巧克力口味。完成后，我觉得很惊喜，很喜欢。

Q：在制作甜品时，你最喜欢用的一种食材是什么？

N：我个人比较喜欢巧克力。巧克力中的苦味和香味很迷人，很适合与其他食材一起搭配呈现。

Q：如何选择食材？如何平衡食材的选择和呈现的料理效果？

N：选择食材时，我会首先考虑它是否美味。之后就考虑食材之间的平衡与呈现，当

01

66

我曾看见某个甜品中放入了很绚烂的蓝色……那时我就很惊叹，也会思考这样的美会不会打动客人。

99

然这一步很难。比如现在做的柠檬蛋糕，用的是濑户内那边的柠檬，它里面的汁水很香，皮可能一般，另一种柠檬的皮会更香一些。我就会把不同柠檬的不同部分组合起来制作甜点。总之就是用各种食材最好的部分组合调整成最优的口感。

Q: 你认为 SHISEIDO PARLOUR 的甜点与其他日式甜点有什么不同？

N: 现在的情况是，在世界各地你都能找到类似的甜点，很难做出差异化。烹饪料理其实也一样。但芝士蛋糕、奶油蛋糕等甜点在 SHISEIDO PARLOUR 已经拥有很长的历史，有一定的口碑。所以我们不会改变食

SHISEIDO PARLOUR 的甜品一直颇有人气，草莓蛋糕酸甜适中 (01)，芭菲深受女性顾客喜爱 (02)，你还可以体验冰淇淋苏打 (03)。在 1 层点心商店，包括花椿饼干、奶酪蛋糕在内的多种甜点都是人气商品 (04)。

谱，会一直将同样的味道认真地做下去。

现在业界内有很多店铺会用机器制作点心，之后再从半成品开始加工，以节省时间和成本。虽然我们也想那样，但最后还是觉得尽可能都靠自己手工做比较好，可以保持自己的特色。

Q: SHISEIDO PARLOUR 卖得最好的一款甜品是哪个？它有什么特点？

N: 奶油蛋糕卖得最好。可能是用了很多草莓，让甜味与酸味平衡得很好。它用的也不是普通的砂糖，是冲绳生产的本和香糖。

Q: 都是手工制作的吗？

N: 对，SHISEIDO PARLOUR 1 层的甜点和点心都是手工制作的。那些带有形状的巧克力也都是手作的。我们每天都会手工制作点心，自然比不上像机器那样高的生产力。 Ⓜ

02

03

04

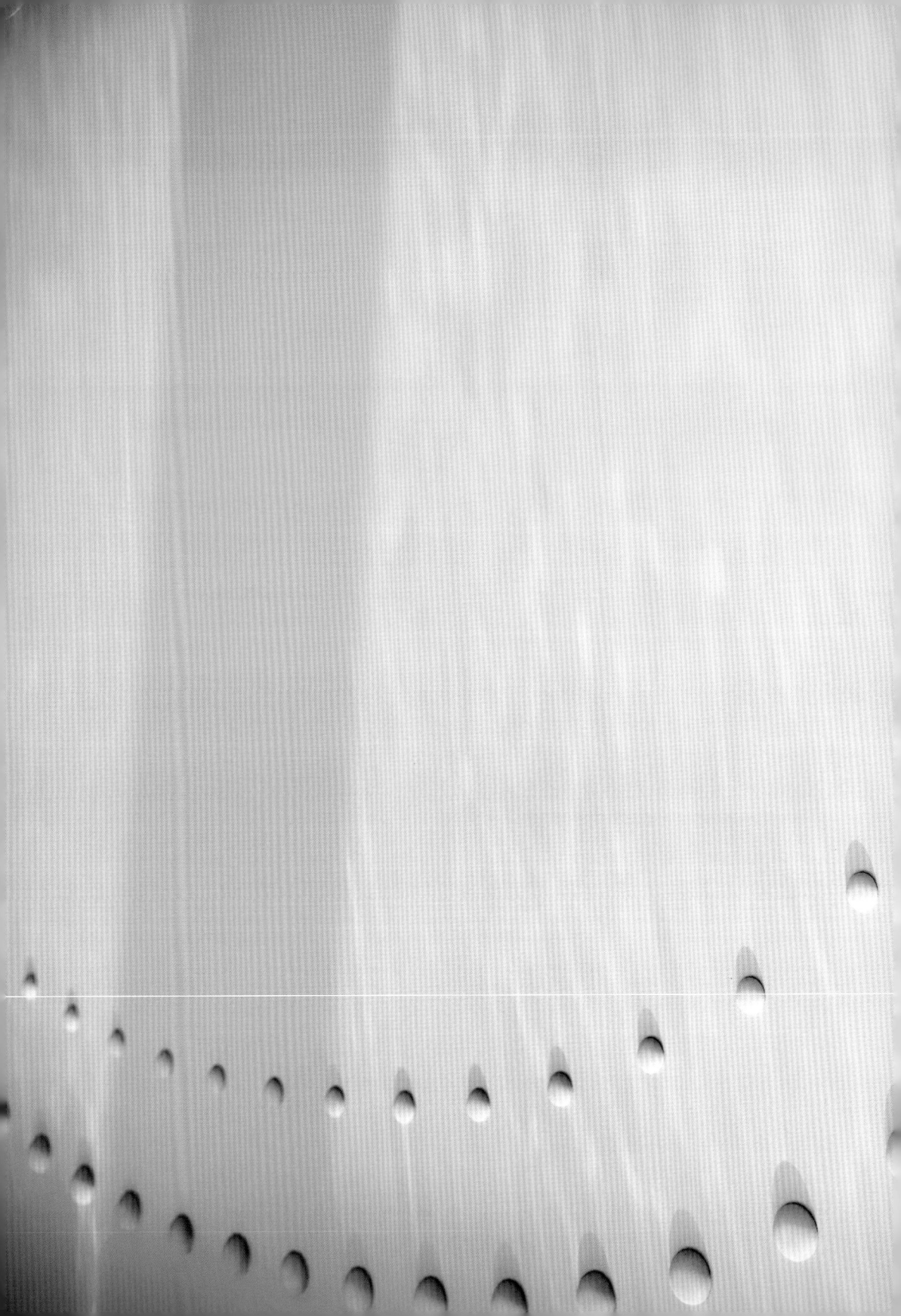

摩登生活方式引领者：三得利

text／董思哲

改变人们既有的生活习惯，引入新的生活方式
——在奠定市场基础、培育初期消费者这个领域，
三得利是一个让人尊敬的创新者。

在推进日本生活方式走向现代的进程中，三得利同样是一家无法忽视的企业。

人们很容易感受到最近日本威士忌的热潮。哪怕是不喝威士忌的人，也很容易在酒吧、餐厅、媒体上看到"山崎""白州"这些名字。但其实，相较于苏格兰、爱尔兰、美国等传统威士忌生产地，日本生产威士忌的历史只有不到一百年。让"年轻"的日本威士忌在全球市场后来居上，善于做产品定位和讲故事的日本酒品饮料集团"三得利"起到了重要的推动作用。

山崎蒸馏所是日本第一家威士忌酒厂，由三得利创始人鸟井信治郎在 20 世纪 20 年代建立。在这里，诞生了日本的第一支国产威士忌。

最初，三得利选择沿用"正统"的苏格兰风味。然而，当时的日本消费者对这种强烈烟熏、口感灼热的威士忌并不买账。

沿袭传统，慢慢培育市场，还是向本土消费者的习惯妥协，调整产品定位和配方？鸟井信治郎选择了后者。他们开始研发烟熏味更少、口感更柔和的调和型威士忌。1937 年，著名的"角瓶"威士忌上市，这款大受欢迎的国产威士忌甚至一度在日本市场上没有对手。入口柔和的风味在今天也成为日本威士忌的一个特点。

起步阶段的三得利让日本消费者初步接受了本土威士忌，它后来的另一个产品策略则更大幅度地改变了日本人的饮酒习惯。

20 世纪 50 年代，三得利推出廉价威士忌 Torys。除了发行《洋酒天国》杂志、投放电视广告，三得利也在它遍布日本的品牌酒吧里大力推广"Highball"喝法——少量威士忌兑大量苏打水。这种方式冲淡了威士忌的烈酒口感，让人觉得更容易入口，价格也可以压低。这一重要的策略不仅帮助三得利威士忌销量大增，更让威士忌可以作为一种便宜的"平民饮品"和适合佐餐的酒类，进入工薪阶级和年轻人的日常生活。

之后的几十年中，三得利也从未停下对这种饮酒方式的推广，并且随着时代和市场环境的发展，不同时期的推广主题也有相应的变化——从适合佐餐的威士忌饮用方法，到自己在家也可以制作Highball，再到家庭妇女也可以在便利店购买的灌装 Highball。在一轮又一轮有针对性的推广下，直到今天，在遍布日本的居酒屋里，Highball 依然是年轻人的热门选择。

通过低价威士忌占领国内市场后，三得利也通过旗下的高端威士忌品牌帮助日本威士忌在国际市场打出身价。进入21 世纪后，山崎（YAMAZAKI）、白州（HAKUSHU）和响（HIBIKI）这三个主力品牌在各种国际烈酒评选比赛中不断收获大奖，让日本威士忌在国际高端威士忌市场占有了一席之地。

茶饮料是三得利另一条重要产品线。今天，在日本，甚至中国便利店的饮料柜里，你经常能看到三得利乌龙茶的身影。而在竞争激烈的日本茶饮料市场，消费者并不是从一开始就有喝瓶装乌龙茶的习惯。

三得利在 1981 年首次向日本消费者推出了罐装乌龙茶，主打"三得利乌龙茶是历史悠久的正宗中国茶"概念。著名设计师葛西薰和摄影师上田义彦为三得利乌龙茶制作了一系列以中国为主题的广告，从最早期的中国传统绘画海报，到后来在中国各地拍摄的摄影作品和电视宣传片，这些制作精良、富有美感的广告也成为教科书式的广告作品。

广告的作用是巨大的，在多年多轮次的投放后，日本消费者逐渐习惯了喝瓶装乌龙茶，乌龙茶也成为三得利畅销至今的重要产品。Ⓜ

品牌价值营造者：可口可乐

text／费灿亚

有谁可以像它那样，将 5 美分的快乐进行到底？

Coca-Cola,这家全球最大的饮料公司凭借碳酸饮料,已经将这门糖水生意做了百年。尽管不断有声音唱衰碳酸饮料,在 2019 年福布斯全球品牌价值排行榜上,Coca-Cola 再次名列第 6 位,成为价值最高的非科技行业品牌。

1885 年,美国药剂师、化学家约翰·彭伯顿(John S. Pemberton)将碳酸水和苏打水混合在一起,发明了这种褐色糖浆。第一份可口可乐的售价为 5 美分,这份 5 美分的快乐在往后的一百多年里经久不衰。褐色糖浆中加入二氧化碳,冰镇过后,拧开瓶盖,感受气体在口腔中碰撞带来的快感,也正是可口可乐一直所倡导的"畅爽"(Refresh)。适当的甜度和短暂的味蕾刺激,让人享受到一瞬间的快乐。

除了这种独一无二的口感,政治因素也成为可口可乐把这份快乐带出国门的契机。第二次世界大战期间,可口可乐作为军需品跟随士兵来到各地。在朝不保夕的战争年代喝到的一瞬间的快乐足以让每个人牢记。能让这份快乐进一步走进每一个消费者心中,少不了它形形色色的广告宣传。而这些海报中,无论是摩登女郎还是运动健儿,在每一个场景中都少不了一瓶可乐。

口味、历史、宣传和平易近人的价格让这份快乐无处不在并且随时可得。这家糖水公司想让瓶装可乐与一瞬间的放纵快乐画上等号,最终还成功了。为了维护和进一步更新消费者的这种品牌认知,可口可乐不断推出新的品类,在咖啡、运动饮料和减脂茶饮等新品类布局上不遗余力。Ⓜ

规则破坏者：
Comme des Garçons

text／林绘

"历史上有几位女性，在现代时装领域费尽心力、影响甚远。香奈儿女士，让女人从华丽不凡走上了极简，改变了女人的穿着习惯；而川久保玲则转动了轮子，转换了女人对衣服原先的看法。"
——朱迪斯·瑟曼（Judith Thurman），2005，
《纽约客》

Comme des Garçons（法语，意为"像个男孩"）于 1981 年在巴黎服装展览首次亮相时，其革命性的不对称设计和强烈的不协调感，就颠覆了 20 世纪 80 年代时尚圈对时装的看法，品牌创始人、设计师川久保玲，也因此被称为"传统美学的破坏者"。

川久保玲在 1969 年于东京成立了品牌 Comme des Garçons。她设计服装最初的动因是市面上找不到她喜欢的风格，所以创立这个品牌更像是意外。她认为，时尚设计的目的并非要暴露或是强调女性的躯体，而应该是要人能够做自己。

"创新"与"自由"是川久保玲自创立品牌五十一年来始终贯彻的设计理念。她强调 Comme des Garçons 售卖的不是时装，而是创意。做出"从未出现过的服饰"是 Comme des Garçons 的价值所在。

拥有与众不同个性的 Comme des Garçons 在全球拥有众多"粉丝"。作家村上春树就经常设定笔下人物穿川久保玲的

衣服，并曾在书中坦言会尽可能保证每年去 Comme des Garçons 买衣服："立体剪裁非常合身，还有就是设计出乎意料地不让人感到腻烦。"

1988 年，Comme des Garçons 开始出版名为 *Six* 的双季刊杂志，名字取自第六感（Six Sense），内容包括摄影、绘画和家具，将品牌文化延伸到了影像作品上。虽然杂志在1991年停刊，但其刊载的图像至今仍被视为经典。

除了设计，川久保玲也一直在探索零售方式的创新。2004 年，川久保玲推出了第一间 Comme des Garçons 游击店，随后这种

小店遍布了全球四十多个城市。这些独特小店开设在旧书店、药房等人们意想不到的地方，售卖期间限定商品，营业时间不超过一年。在当年，这是崭新的商业概念，也是现在 Pop-up Store（快闪店）的雏形。

同年，川久保玲与丈夫阿德里安·约菲（Adrian Joffe）在伦敦开设了 Dover Street Market 时尚买手店，店内的灯光设置、室内设计，以及空间构造都精心设计过。店里除了销售 Comme des Garçons 商品，也有许多艺术家与设计师的作品。因长期关注新锐设计师与独立品牌，Dover Street Market 也被业界称为时尚风向标。Dover Street Market 选品的唯一准入门槛就是设计师必须有远见有故事。设计风格不一定是要跟 Comme des Garçons 一致，但必须有想法，这才是他们想要合作的人。

Comme des Garçons 影响并培育了许多知名设计师，像渡边淳弥、二宫启、高桥盾等人都曾在 Comme des Garçons 工作过，Comme des Garçons 的设计理念对他们影响至深。

此外，Comme des Garçons 并非纯粹专注在艺术层面，也很注重商业运作。川久保玲 2019 年接受时尚媒体 WWD 采访时表示："可以确定的是，我的公司强调创造、制造和销售，因为如果你没打算卖掉（作品）的话，那么做出来也是无用的。"Comme des Garçons 第一个商业支线是 Homme（1978）系列和 Tricot（1981）系列。川久保玲在寻找一个能够扩展公司版图的支线品牌，首先会考虑主系列难以触及的领域，她认为，每个子品牌都应该是完全不一样的东西，拥有各自不同的概念。如今，Comme des Garçons 旗下拥有 18 个支线品牌，在全球拥有约 135 个销售点，2018年营业额达 3 亿美元（约合 21 亿元人民币）。Ⓜ

观念颠覆者：Chanel

text／杨舒涵

Chanel 曾推动公众接受了更为自由多元的女性审美，
在某种意义上，它已成为展现女性个性的代名词。

法国时尚品牌 Chanel（香奈儿）时常用来直接指代粗花呢格纹套装、小黑裙或 No.5 香水。

Chanel 创始于 1910 年的巴黎，在创始人可可·香奈儿（Coco Chanel）和设计师卡尔·拉格斐（Karl Lagerfeld）的先后掌舵下，引领了 20 世纪上半叶战时欧洲的时尚。之后，又在美国市场重燃活力。至今，它仍是公众提及奢侈品时率先想起的名字。

Chanel 也挑战着当时的世俗风格。可可·香奈儿厌恶 19 世纪盛行的紧身烦琐的服饰风格与男性审视，加上对战时女性工作服装实用性的考虑，她在服装款式与颜色上作出变革。她让更宽松舒适的上衣、西装、裤子等品类出现在女士的衣橱内，在设计女装时，更多采用黑色、海军蓝等欧洲观念中常与男子气概相关联的色彩，选择平纹针织布料等常常用于制作男士服装的面料——但这也是当时原料供给品类有限的结果。

在正式社交场合，Chanel 捧出了至今仍颇受消费者钟爱的小黑裙，线条流畅、灵动不失优雅。在女装之外的领域它也留下了经典设计，比如方瓶包装的女士香水。

卡尔·拉格斐接手 Chanel 后，重新设计经典元素，增强品牌标识；同时构造出一座既保持高端形象，又面向更多消费者的产品金字塔，使得更多消费者有机会体验 Chanel 风格的生活方式。

作为展现女性个性的代名词，Chanel 曾推动公众接受了更为自由多元的女性审美，它的套装也一度作为职业女性的标准服装，成为女性独立、自尊、自强的象征。Chanel 以其成功的商业模式，影响着诸多时尚品牌，甚至竞争对手。Ⓜ

资生堂年表

● 日本重大变化
● 银座重大变迁
● 资生堂发展史

日本明治政府在东京上野公园召开第一届"内国劝业博览会",旨在促进日本产业发展,培养出口商品。为了处理展会上没卖掉的库存货,政府在丸之内一带开出一种类似百货商店的零售店铺——"劝工场"。

银座的防火改造工程全部竣工。

1877

资生堂正式进军美妆行业,推出化妆水"EUDERMINE 红色蜜露"。这款产品至今仍然在售。

1897

1872

1872 年 2 月,东京和田仓门发生大火,时任东京都知事由利公正有意推动都市防火改造。

东京第一座火车站——新桥站通车,大量商户涌入车站前的银座。

时任东京都知事由利公正雇用英国建筑师托马斯·沃特斯(Thomas James Waters)改造街区,他用不易燃的红砖建起"银座炼瓦街"。这是日本第一处西方都市景观,它也被当时的人们视为文明开化的象征。

福原有信从海军医院药房辞职,在火灾后的新桥开设日本第一家西式药房。

1888

随着 1881 年劝工场民营化,众多商家来到银座开店,这里逐渐有了商业街的样子。1899 年在新桥开业的"帝国博品馆劝工场"是东京最有名的劝工场之一。

资生堂推出日本第一款牙膏"福原卫生牙膏"。此前,日本只有粗糙且会损伤牙齿的牙粉。

1902

资生堂药房成为日本第一家生产并销售苏打水、冰淇淋的店铺。

1916

1911 年起,一系列咖啡馆在银座开业。这些咖啡馆当时是艺术家和文学家的聚会场所,其中 Cafe Printemps 据说是日本第一家咖啡馆。越来越多的人慕名前往银座,他们相信银座是日本潮流的发源地。大正四年至五年(1915 — 1916年)出现了"逛银座"(銀ぶら)这样的词。

资生堂创始人之子福原信三从欧洲求学归来,他成立化妆品部,在药店旁建起大楼(现银座七丁目 SHISEIDO THE GINZA 的位置),下设负责创意和设计的意匠部及研发实验室。

从商业角度重新审视资生堂

text / 肖文杰 李梦郁

资生堂都有哪些 know-how(专业诀窍)?
这些梳理可以厘清它的一部分经营逻辑。

資生堂推出由日本人独立制作的首款香水"花椿"和针对不同肌肤颜色分开使用的"七色粉白粉"。

1917

1918

资生堂推出日本第一款乳霜——按摩霜。

1919

资生堂开设日本现存最古老的画廊——资生堂画廊。

福原信三改建资生堂化妆品部 2 层,设立美容科、美发科、童装科。这些部门贴出了日本第一张美容皮肤科广告牌,并在全国主要城市举办美发展示会,"遮耳式"发型开始流行。童装科由从法国归国的武林文子(小说家武林梦想庵的妻子)担任设计,实际业务由从美国归来的裁缝师负责。

1922

9 月 1 日发生的关东大地震几乎将东京夷为平地。

因为地震,银座标志性的砖房全部坍塌。

资生堂推出化妆品连锁店制度,推行定价销售,确保经销商与零售商的利润。

1923

不论资生堂做了多少充满魅力、看似"不务正业"的事,它本质上仍是一个靠销售化妆品获得利润的组织。它的一切活动,不论是否直接与经营相关,最终的目的也是如此。所以,有必要从商业的角度重新审视这家公司的诸多决策。我们从中提取一些关键的 know-how(专业诀窍),看看资生堂在逐步发展的过程中,到底解决了哪些问题,获得了什么经验。

01

杂志、画廊、餐饮……资生堂的
"不务正业"为它积累了文化资本。

如今流行所谓"生活方式集合店"这种零售形式,它把餐饮、销售、艺术展示等内容放在一个空间里——资生堂在九十多年前就这么做了。

1924 年,资生堂创办了刊物《资生堂月报》,后来演化成《花椿》;1928 年,资生堂在重建后的银座开办了日本第一座画廊,营业至今;同样在 1928 年,SHISEIDO ICECREAM PARLOUR 在银座开业,定位为高级西餐厅,给日本社会带去了不一样的"新型饮食空间"体验。后来 PARLOUR 作为资生堂旗下餐饮品牌持续运营,还发展出著名的西洋点心产品。

这些事业最后都在各自的领域获得声誉,还可以互相联动,比如《花椿》的设计师就为 PARLOUR 的点心设计了包装。经过积累,它们就能提升资生堂的品牌价值。资生堂的第三代继承人福原义春称此为"文化资本",并认为这是帮助资生堂打开全球市场的关键:"法国人喜爱资生堂的设计,美术是让消费者记住资生堂的捷径。"

需要注意的是,这些业务不是资生堂在公司做大后的尝试,而是品牌创立之初就想好的"不务正业"。因为当时化妆品和美容对于日本人来说都很陌生，资生堂把它置于西方生活方式的框架中，一起推荐给消费者。而杂志、画廊、西餐厅，都是搭建这套生活方式的元素。如果消费者接受了，那么他们购买资生堂的产品就变得顺理成章。如今，这种从生活方式开始培育市场，从而引入新产品的做法，已经成为商业惯例。

但这些事真要做成也不容易。要让这些事业真正能影响社会，就要确保其独立性。如果在《花椿》或是画廊里尽是资生堂产品的广告，也没有人会认真对待它们了。独立的另一个好处就是不设限，原本"锦上添花"的业务，有可能成长为大品牌。这方面最著名的例子是米其林餐厅指南。它原本是轮胎制造商米其林给顾客的一份欧洲旅游指南。如今人们谈到"米其林"，第一反应是餐厅，然后才是轮胎。

资生堂在这方面也下了功夫。《花椿》编辑团队有自主决策权，画廊和餐厅也是如此。同时，资生堂很注意吸引外部的优秀人才，给予他们足够的空间。某种程度上，资生堂成为一个有眼光的风险投资者，而这些文化事业成为它孵化的创业项目。保持着这种适当的"距离感"，《花椿》即便是一本企业内刊，也能在艺术与设计领域成为有影响力的刊物；资生堂的餐厅 L'OSIER 也能成为米其林三星餐厅，进而成为银座的标志性目的地。

02
把自己所在的街区变成第一商业街，是零售公司提升定位的终极方法。

总部，或者说旗舰店的选址有多重要？它是一个品牌的"大使馆"，某种程度上标定

了品牌在人们心目中的地位上限。对于化妆品这个讲求品牌定位的行业来说更是如此。总部和旗舰店的选址，会反过来影响人们对品牌的观感。资生堂看起来运气不错：它引以为傲的总部大楼、餐厅、画廊、旗舰店都在银座。这是你在东京乃至全球能找到的最繁华、最昂贵的商业街区之一。对于任何想要做到行业第一的公司来说，这里都是首选的旗舰店之地。

但资生堂的特殊之处在于，它并不是选择在商业中心银座开店，而是把自己所处的银座，变成了商业中心。

资生堂最初是一个西洋药局，它的第一家店就在银座。那是在 1872 年，当时银座还不是独一无二的商业中心，它的地位更像是一个新奇潮流的聚集地，先锋文化精英喜欢

1924

- 东京开始重建工程。
- 大型百货商店松坂屋、松屋相继开业，银座成为百货街，出现了免费接驳巴士、屋顶动物园、水族馆等新鲜的经营方式。
- 资生堂创立日本化妆品行业第一本文化杂志《资生堂月报》*，向读者介绍当时十分珍贵的巴黎时装或发型，使资生堂确立了高端奢侈的品牌印象。（*1933 年更名为《资生堂画报》，后休刊。1937 年创刊《花椿》并发行至今。）

1927

- 福原信三积极参与银座的灾后重建，游说其他商家参与以巴黎香榭丽舍大道、纽约第五大道为参照的"大银座"计划。
- 政府后来接受了商家们的陈情，银座扩张至八丁目，资生堂所在的出云町、竹川町被纳入银座新街区规划。
- 资生堂更名为株式会社资生堂，福原信三就任首任社长。
- 意匠部主导设计了 SHISEIDO 品牌的英文、日文字体。

来这里喝咖啡。但 1923 年的关东大地震摧毁了整个银座，当然也动摇了资生堂的产业。资生堂当时的领导者福原信三成为银座复兴的最积极提倡者，他联络银座的商家，游说政府，在报纸上发文，最后让重建银座成为震后复兴的标志性工程，并且把银座的定位提升至"纽约第五大道那样的世界级商业街"。资生堂也顺理成章地在重建后的银座建立了自己的新总部大楼，并在这个黄金地段经营至今。值得一提的是，资生堂此后也延续了品牌和线下渠道定位高度绑定的策略。它的高端品牌一定会进入最高端的商场，而大众类品牌则在药妆店铺开。

事后来看，福原信三让资生堂留在银座，并推动银座重建，奠定了这个公司的行业地位，也让资生堂获得了额外的文化资产。它

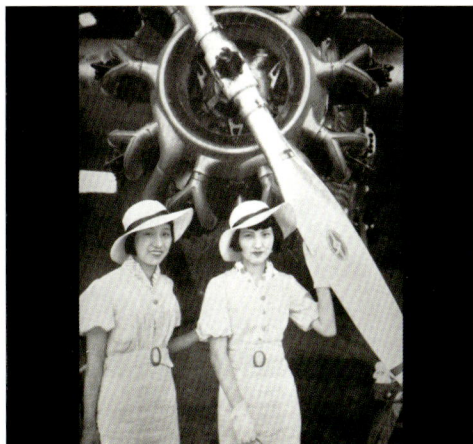

- 资生堂首次在海外正式开展业务，向东南亚出口"玫瑰化妆品"。

- 银座第一座地铁站"银座站"营业，聚集了大量扮相摩登的都市青年。

- 资生堂培养了 9 名普及化妆知识并兼具销售职能的"资生堂小姐"，这是近代美容咨询顾问的前身。

1931

1934

1928

- 1929 年，世界经济危机"大萧条"冲击日本，都市失业率节节攀升。

- 1929 年，银座的房地产租赁额超过日本桥，成为全日本第一。根据警察调查，当时在银座的咖啡店和酒吧约有 600 家。不仅如此，这里还有电影院、剧场之类的时髦新设施。

- 资生堂化妆品部、西餐厅 PARLOUR 于银座开业。

- 资生堂成立会员制俱乐部"花椿会"，提供最新的美容文化资讯和纪念品，邀请会员参加日本各地举办的美容演讲和聚会活动。

- 资生堂推出"新资生堂式美颜技术"美容法，开始销售专用化妆品，并使用当时十分罕见的彩色胶片制作同名美容电影。

1937

- 资生堂开始在中国台湾销售化妆品。

1957

- 日本东京召开第 18 届夏季奥林匹克运动会。

TOKYO 1964

1964

1945

- 东京发生大空袭，引发大火。

- 空袭导致半个银座沦为废墟，残留的商店被美国军队接收，银座一度成为美军专用的露天购物街。

- 迫于战争，资生堂停止一部分业务。战后，资生堂在日本东京证券交易所上市。

1952

- 日本签署的《旧金山和约》生效，美国军队撤离东京。

- 银座进入"战后复兴"时代，主要体现在城市改造上。人们填埋护城河，计划修建高速公路和地铁。

1963

- 资生堂首次向欧洲出口化妆品，开始在意大利米兰销售产品。

1967

- 银座路面电车停止运营，其后政府整合了"银座东""银座西"——福原信三提出的大银座终于成形。通过填河、建高速、通地铁、撤路面电车、街道改造，等等，银座面貌一新。

可以理所当然地在这里展开各项业务，像主人一样回顾银座的历史，也可以理所当然地推出将"GINZA"（日语"银座"的罗马注音写法）嵌入名字的品牌。

03
招募"资生堂小姐"，
并以此奠定化妆品行业的
基本营销模式。

1934 年，资生堂开始向社会招募"资生堂小姐"，最终从 240 人中选出 9 位。这些资生堂小姐在当时相当于资生堂的"品牌大使"，负责宣传资生堂所倡导的生活方式，教给消费者正确的美容方法。

她们最著名的工作方式是编排"近代美容剧"，通过戏剧的方式传播"美容方法"。在每次演出后，资生堂小姐还会身着制服，与观众一对一交流美容上的问题。经过数十年的演变，如今"资生堂小姐"已经成为化妆品行业最基础的销售岗位——美容顾问（BC）。她们在百货商店、专卖店等场所提供一对一的美容咨询服务，被认为是最有效、转化率最高的销售方式。这背后的逻辑是，每个人的审美、皮肤和需求都各不相

资生堂陆续在美国、新加坡、意大利、泰国、新西兰等国成立分公司。

1975

1977

资生堂邀请 6 位巴黎设计师，第一次在东京、大阪等地举办大规模巡回时装秀，并为模特们提供全部化妆品。资生堂的技术实力和化妆品品质得到了巴黎时尚界的认可，发型和彩妆产品也逐渐出现在海外时装秀的后台。

1980

资生堂进军法国，成立法国资生堂化妆品分部，并聘请 Serge Lutens 为形象设计总监，为海外市场塑造资生堂产品的国际化形象。

同，所以美容是一件很个人化的事，需要有针对性的专业建议。如今在中国流行的直播电商中，不少知名主播也有 BC 的工作经历。

现在，从普通人当中招募"品牌大使"已经是常见的营销手段。但当时的日本，女性在外工作都很罕见，登台表演的风潮也刚刚由宝冢歌舞团开启。在没有电视、广播的情况下，舞台演出是最新潮的传播方式，对于女性消费者而言也最具感染力——看到和自己一样的女性，能够展现新的可能性，对品牌自然会更有亲近感。

04
用连锁店方式巩固价格联盟，
网罗消费者建立会员俱乐部。

20 世纪前十年，日本的化妆品行业像是个缺乏管理的小商品市场。化妆品生产商把产品批发给各个商户，既无法管控他们用怎样的价格销售，也无法管控他们是否继续向下批发。结果就是，同一款化妆品在不同的商店里价格高低不一，整个行业因为价格战都赚不到钱。

资生堂改变了这种销售结构，它从 1923 年开始在日本引入专卖连锁店制度，也就是与商店签约，以规定好的价格销售资生堂的产品，相应地，资生堂产品不得在签约授权以外的商店销售。这种方式一开始并不被行业看好，但第二年，签约的商店就超过了 2000 家。

渠道和价格对于任何一个想要长期发展的品牌来说，都是必须掌握在手中的资源，这能确保经营的基本稳定性。而对于资生堂来说，还有一个需要牢牢掌握在自己手中的资源，就是与顾客之间的联系。在《资生堂画报》改名为《花椿》的同一年，资生堂的消费者俱乐部"花椿会"成立。美容讲座、定期的行业信息、纪念品、小样……这些福利使花椿会（如今已更名为"花椿CLUB"）成为日本历史最悠久的品牌会员俱乐部。

花椿会当时的成立背景是，资生堂尝试低价产品不成功，决定聚焦高端产品线。现在的资生堂有上百个品牌，会员俱乐部仍然聚拢了它最核心的消费者，维持了整个公司的高端形象，也保证自己可以第一时间掌握消费者反馈。如今，会员制度也成为几乎所有优

219

秀零售品牌的标配。

05
VISION 2020的本质，
是解决资生堂的大公司病。

2013 年的资生堂，大公司病有多严重？它有 120 个品牌、33356 名员工，在 80 多个市场做生意，但大多数经验决策，仍由总部的各部门作出。结果就是，资生堂在最重要的本土市场增长停滞。当年，资生堂的日本市场占有率已经逐渐被第二名花王赶上。

资生堂的解决方法是引入"外人"来改革。它聘用了新任社长鱼谷雅彦——他曾任日本可口可乐公司社长，这是资生堂首次聘请非本公司培养的社长。鱼谷雅彦在开了两个半月的会、与 5000 名资生堂员工交谈后，制定了一个名为"VISION 2020"的长期战略，核心目标是在 2020 年达到 1 万亿日元的销售额。

"VISION 2020"有很多方向的举措，但核心的调整是两个字：聚焦。在 120 个品牌里，资生堂撤销了 28 个品牌，确定了 15 个重点营销的品牌，希望它们贡献九成的销售额。这些品牌定位聚焦在 20—30 岁的女性，不再任由自己客群的年龄像其他老公司一样逐渐上升。具体而言，资生堂更注重电商等新渠道，更注重健康等当代人关心的要点，更注重通过数字化手段了解消费者。

资生堂还在横滨建立了一个"全球创新中心"，里面有运动训练课程、提供定制化服务的美容吧和一个资生堂博物馆。你可以把它视作新时代的"资生堂大楼"。它展示

资生堂开始在中国北京销售产品。

1981

日本进入"泡沫经济"时代，股票交易市场和土地交易市场兴起投资热潮。

1986

银行、证券等金融机构涌入银座大街。

资生堂创立新品牌华姿，并开始在北京生产、销售。

福原义春就任资生堂社长。

1987

资生堂与中国北京丽源公司合资成立资生堂丽源化妆品有限公司。

1991

的是资生堂当下追求的品牌调性。近百年前，资生堂在银座的总部大楼，用绘画、摄影、餐饮等方式，向当时的日本人传递了全新的生活方式。

目前资生堂的新长期计划也建立在"VISION 2020"之上，它的改革措施也在延续。从财务数字上来看，这轮改革总体结果似乎不错：资生堂在 2017 年提前完成了 1 万亿日元的销售目标。

06
重视中国市场，放权中国团队，
才有可能抓住这个最大的海外市场。

● 政府将银座划为"城市再生紧急整治地区"。

● 砖红色的东京银座资生堂大楼完工，主要经营餐饮业。资生堂综合美容设施"SHISEIDO THE GINZA"开业。

2001

1997

● 日本国家经济对策阁僚会议发表了《开创 21 世纪的紧急经济对策》，其中包括"放宽都心中心地段容积率限制"。

● 商会组织"银座通联合会"提出街区改造方案：①重现水畔和活化街巷；②新"逛银座计划"，建设无障碍的步行街区，完善交通系统；③新银座文化建设。

2003

● 银座启动大规模的超高层大楼建设项目，并协商采用"银座规则"——为了保护和传承文化，在银座地区，建筑物的最高高度必须是 56 米（包括结构物在内是 66 米）。

● 资生堂在上海成立"资生堂（中国）投资有限公司"。

中国是资生堂除日本以外最大的单一市场，资生堂也是第一个进入中国的海外化妆品公司，但是它在中国曾经历过严峻的市场挑战。2014 年，资生堂在中国的销售额只有 58.72 亿元人民币，不到欧莱雅的一半，关键是增幅也大大落后于竞争对手。

问题是，中国区很清楚自己的问题出在哪儿，但不知道怎么办。"我们有很好的产品，如果还有很好的营销，你可以想象情况是什么样。"这是资生堂时任中国区总代表的拉尔夫·阿贝克（Ralph Ahrbeck）和资生堂总部说过的话。

66

资生堂的特殊之处在于，它并不是选择在商业中心银座开店，而是把自己所处的银座变成了商业中心。

99

● 资生堂中国开设化妆品专卖店，后来开始销售品牌悠莱（URARA）。

2004

● 职业经理人鱼谷雅彦就任资生堂社长，启动中长期经营战略"VISION 2020"。

2014

● 资生堂提前达成 VISION 2020 提出的1万亿日元的销售目标，管理层制定并启动"新三年计划"。

2017

2011

● 3 月 11 日，日本发生"东日本大地震"。

2016

● 以吸引年轻人为目标，资生堂全面改版企业文化杂志《花椿》。

2018

● 资生堂综合美容设施 SHISEIDO THE GINZA 更名为 SHISEIDO THE STORE，作为资生堂旗舰店重新开张。

资料来源：
根据公开资料综合整理．

在进入中国的三十多年中，资生堂的中国分公司始终未被充分授权，从产品研发、柜台设计、市场营销到销售目标，都由总部下达，并通过总部的"中国事业部"与中国分公司沟通。结果就是，资生堂的决策者并不真正了解中国市场发生了什么。

改革的方法也很简单，就是改掉这些显而易见的毛病。作为"VISION 2020"的一部分，资生堂决定"重建中国市场"。它赋予中国区更大的自主决策权，原有"中国事业部"针对中国市场的经营及市场营销职能转移到中国分公司，并且在重要部门更多聘用本地员工。

资生堂在中国做了一轮大范围的消费者调研，重新绘制了中国的消费者画像和分布图，把当时在中国销售的二十多个品牌对应不同的消费群体。并且开始增加营销费用，用新的手段推销这些品牌，而不是像过去一样，在商场开完专柜，推出商品，静静等待消费者发现它们。

这些改革措施，与 20 世纪 80 年代资生堂在日本做的事很类似。当时它在日本也出现了不了解终端销售现状、不了解消费者、决策过于集中在总部的问题，导致库存不断增加。时任资生堂领导者的福原义春就决定大幅减少决策所需的行政流程，

● 鱼谷雅彦提出新的中期经营
战略"WIN 2023",将美肤
领域定位为核心业务。

2020

2021

第 32 届奥运会 7 月 23 日在
东京开幕。

● 日本中央区政府更新了银座
地区的城市计划,随着该地
区居住人口超过 16 万,将为
公共设施、高质量酒店项目
放宽容积率限制。

赋予一线更多决策权。最后库存压力得以
缓解。

而在中国,资生堂也运气不错,随着 CPB
(Clé de Peau Beauté,肌肤之钥)等品
牌在社交网络上走红,以及赴日旅游消费
带来的品牌影响力,2016 年之后,资生堂
在中国市场的占有率逐渐提升。

07

抓住观光客,
是资生堂寻找新增长点的成功尝试。

按照传统的商业思路,要抓住海外消费者,

就要把产品卖到海外去。但资生堂却找了另
一条路:把产品卖到机场里。

乍一听也没什么特别,化妆品本就是机场免
税店里的主力产品。但资生堂发现,赴日的
观光客如果在机场免税店里购买了某个品
牌的化妆品,有近一半的概率会成为这个品
牌的回头客,这个比例高于其他渠道。也就
是说,机场不仅是一个销售渠道,更是一个
可以提升品牌忠诚度的场所。

2015 年 6 月,资生堂设立了一个新部门
"旅游零售总部"。这个部门专门负责在
机场免税店等场景做针对观光客的营销
活动。

起初的试验地是新加坡。在那里的樟宜机
场,资生堂开设了一家旅游零售快闪店。消
费者在快闪店里体验了升级后的红妍肌活
精华露,就能获得针对旅行者的小样。反响
不错,资生堂就把这种做法复制到了日本的
机场。针对观光客的旅行套装适合携带,也
让人有社交媒体的分享欲。2017 年,资生
堂的旅游零售业务比上年增长了 79.34%,
远超其他板块。通过这一策略,资生堂旗下
的免税店渠道品牌 THE GINZA 也扩大了
知名度。

不是所有人都喜欢这种针对游客的销售策
略。也有媒体评论说,资生堂在日本的业绩
增长是靠赴日观光客撑起来的。但这种批
评似乎忽略了一点——销售数字不分国籍。
资生堂并非以损害其他渠道或是品牌的利
益为前提追求短期的免税店业绩增长,相
反,通过针对游客的营销活动,反而提高了
THE GINZA 等品牌的市场知名度,夯实了
这些品牌的定位。Ⓜ

李梦郁对此文亦有贡献。

Uotani Masahiko

鱼谷雅彦*

鱼谷雅彦: 如何改变资生堂?

text / 季扬 赵慧 photo / 佐佐木谦一

*资生堂集团社长。1977 年毕业于京都同志社大学, 并于 1983 年在纽约哥伦比亚商学院获 MBA 学位。

2014 年 4 月加入资生堂, 他也是资生堂创立一百四十多年以来首位自公司外部任命的社长。在加入资生堂之前,

拥有日本以及全球快速消费品公司中超过三十年的营销和管理经验。其中, 曾在日本可口可乐公司担任首席营销官和 CEO 十八年。

他是首位来自"外部"的资生堂社长。
他给资生堂带来了怎样的变化？

Q：60 岁从日本可口可乐公司退休后进入资生堂，你发现它和你原来所在的公司有什么不同？进入资生堂后你首先做了哪些调整？

U：和欧美企业不同，日本企业内部规则较多，相对来说，推动创新的流程比较长。为了使资生堂变成一个真正的全球化公司，我主要做了三方面的改进和调整。

首先，为了激发员工的创新活力，我创造了很多与员工对话的机会，听取大家的新点子。如果有好的创意会立即批准实施。企业未来事业的走向不应该只由管理层决定，我希望所有员工都可以参与其中。

其次，为了能够帮助大家的创新做法更好地落地，我决定加大对品牌推广的投入。资生堂在三年内总计投入约 11 亿美元，并且无论新创意在实施过程中是否顺利，我都承诺不会削减这笔经费。

最后在组织和人员的方面，我提高了女性管理层和外国员工的比例。比如在资生堂总部，董事会的女性董事比例已经达到了46%，在日本工作的资生堂外国员工的人数也从 100 人上升到了 500 人。在海外，我们也让更多当地员工晋升为各岗位负责人。想要成为一个真正的全球化公司，引入多样性人才非常重要。

Q：你就任后制定了为期六年的改革计划"VISION 2020"，其中推广费主要用于投资在资生堂的哪些品牌？选择这些品牌的标准是什么？

U：资生堂旗下有非常多的品牌，我们必须作出取舍。我们首先将旗下品牌根据价格分为三大类，Prestige（高端线）、Premium（中端线）和 Personal Care（个人护理线）三大品类。在全球，我们主要投资在高端线品牌，比如说 SHISEIDO、CPB（Clé de Peau Beauté，肌肤之钥）等。在亚洲，我们主要投资在 Premium 品类的品牌，比如说怡丽丝尔（ELIXIR）、安耐晒（ANESSA）等。在"VISION 2020"改革计划中，我们的推广费主要集中投资于中高端品牌。

Q：2021 年资生堂发布了"WIN 2023"中长期经营战略，在此战略中将护肤领域确定为核心业务。为什么作出这样的决定？

U：疫情暴发促使我们静下心来，更多思考资生堂在全球舞台上相较于其他化妆品品牌的优势。资生堂长年做护肤品研究，并且作为一个亚洲化妆品品牌，我们对于东方文化中"医食同源"的护肤概念理解得更透彻。疫情之下，人们健康意识提高，我相信将来会有更多消费者理解和赞同"医食同源"的护肤理念。这就是为什么我们决定以后将重心放在高端线的护肤品牌上。

Q：关于品牌再建，你加入资生堂时，资生堂旗下有 120 多个子品牌，你决定撤销其中 28 个品牌。最初你把重点放在心机彩妆（MAQuillAGE）、怡丽丝尔（ELIXIR）等品牌上，后来又将重心转移到肌肤之钥（Clé de Peau Beauté）、丝蓓绮（TSUBAKI）、BENEFIQUE 等 5 个子品牌上。在 WIN 2023 中，你又将重心转移到另外 7 个子品牌上。在不同阶段，你是以什么标准选择重点领域的？

U：我加入资生堂的时候，当时是考虑将资生堂塑造成一个综合性的化妆品公司，所以我们当时对护肤品和化妆品两块领域都非常重视。但在近两三年里，我们将重心转移到了护肤品领域。其中有疫情的影响，因为化妆品的销售量降低，我们需要确保整体的销售额。而在两三年之后，我们又会迎来新的转变，那时我希望将重心更多转移到护肤和健康领域。

Q：资生堂重点针对年轻消费者的品牌是哪些？三年前采访资生堂的时候，当时我们听说为了改变"年轻人的化妆包里没有资生堂"的现状，资生堂做了很多尝试。现在效果如何？

U：开架品牌中，安肌心语（d program）是我们专门针对年轻敏感肌消费者的品牌，也深受中国年轻消费者的喜爱。专柜品牌里，IPSA 在 20—30 岁年龄段女性中是人气品牌。

首先对资生堂来说，30—50 岁年龄段的女性是主要消费群体，也是我们相对于其他品牌的优势所在。在日本国内市场，我们还是希望能够保持这个优势，抓住这个年龄段的消费者。对于海外市场，比如欧美和中国市场，资生堂给一部分消费者的印象是"老派""缺乏创新"，是"my mother's brand""my grandmother's brand"。为了改变这个品牌印象，近些年我们投入了大量的资金，通过媒体、网络做了很多市场推广。特别是在中国，近几年增加了很多 20 多岁的消费者。比起着眼于消费群体的年龄段，我认为不停更新品牌印象是很重要的。在确保现有消费者的前提下，我们现在也在不断向年轻群体扩张。

Q：可以聊一聊资生堂为什么在 2019 年收购醉象（Drunk Elephant）这个品牌吗？以后是否还有可能收购其他品牌？

U：我们在 2019 年收购了醉象，是因为它善于使用线上营销手段，比如通过在社交媒体平台与粉丝积极互动来提高品牌认知度。它和资生堂固有的护肤品牌完全不同，（这）也是我们所需要的。而资生堂拥有丰富的渠道资源和全球平台，能够为醉象带来全渠道增长和发展机遇。这次的收购对我们双方来说是双赢的。

将来当然有可能收购其他品牌，也有可能在内部创造新品牌。比如说 2021 年会在中国上市的旗下品牌 BAUM，是我们在日本本土孵化了四年的内部创新品牌。产品由 90% 以上的天然原料制成，包装也考虑到了环保。日本和中国自古以来都很重视"与自然的共存"，并且现在中国也有越来越多的"95 后"年轻人开始关注环保和企业的社会价值，因此面向这样的年轻消费者，我

66

<u>在近两三年里，我们将重心转移到了护肤品领域。</u>

99

们推出了这个品牌。

Q：资生堂 2021 年 2 月宣布出售了 Personal Care 事业部。在 2016 年，Personal Care 事业部在资生堂内还占有很重要的位置，为什么决定出售它？

U：在 2016 年，我们当然还没有想过要出售 Personal Care 事业部，当时我们主要想在日本市场发展，提高个人护理产品的销售额。但由于个人护理产品以大量生产为主，与专业的快消品公司相比，这并不是资生堂擅长的领域。要想在激烈的市场竞争中取得胜利，我们需要找到自己最擅长并且能和其他企业差别化的领域。

考虑到资生堂未来的发展方向，最终我们决定出售 Personal Care 事业部。现在

这个事业部已独立为新公司 Fine Today Shiseido（中国公司名为"上海菲婷丝化妆品经营有限公司"），资生堂在其中占有 35% 的股份。我希望 Personal Care 事业部脱离资生堂后能有更好的发展。

Q: 在你看来, 化妆品行业未来会有怎样的发展趋势?

U: 在日本，化妆品原本有不少是从法国等地进口，可近些年来，日本化妆品的出口（总额）已经高于进口。对资生堂来说，工厂生产一度跟不上产品的销售。但从 2020 年开始，突如其来的疫情使大家的生活方式发生了巨大的改变，化妆品行业也深受影响。

疫情改变了大家生活方式的同时，也提高了大家的健康意识，因此健康和护肤将会成为未来化妆品行业的大趋势。在营销手法上，线上营销、社交媒体平台推广也会慢慢增多。

Q: 比起线上销售, 我们发现日本的化妆品行业多与代理店建立销售委托关系, 以线下销售为主体。你刚才提到的线上营销将增多, 是否与现有的销售模式相冲突?

U: 日本现在主流的销售模式是由日本的国情决定的。比起其他国家，日本国土面积小，人口密度大，公共交通发达，很多百货店和地铁站相连。在美国，大部分消费者多使用线上购物，附带每周一次的大

采购。而在日本，消费者更多会实际进入线下店铺购买，线上购买只是一种辅助方式。所以我认为，日本以后也不会发展为像美国或中国那样的销售模式，和代理店合作发展线上销售则会是可以被大众接受的方式。

Q: 旅游零售业务将来会成为资生堂的销售重点吗?

U: 旅游零售业务和我们其他业务是相互关联的。每年有约 1.2 亿中国人去海外旅游。想要旅游零售的销售额增长，只有让消费者旅行前就对品牌有所了解，对产品抱有安心感，才能在他们旅行时引发购买行为。所以旅游零售业务最终离不开产品在中国国内的宣传和推广，这一部分在中国以外的市场也同样在推动。

Q: 中国市场 2017 年时营收已经超过美国, 成为资生堂的第二大区域市场。你觉得中国市场是否有特殊性? 资生堂怎样顺应中国消费者的消费模式?

U: 首先，中国市场的成长速度非常快，大家的收入也在逐年提高，高端化妆品市场在不断成长。就资生堂来说，高端线（Prestige）品牌的产品在中国卖得非常好。其次，由于中国和日本地理位置很近，中国消费者对日系化妆品与护肤品的品质和理念更容易理解与认可。最后，相比日本，中国的消费者能够更快接受新事物，这

就是为什么电商和无现金支付在中国可以迅速发展和扩大。对于中国市场，原本我们只是想把更多的产品带到中国销售。但是现在，中国消费者的新需求、中国的销售模式等，反而给我们提供了很多的参考与借鉴。比如说我们 2020 年 3 月在上海的百货商场里举办了一场直播，非常成功。所以我们把这个模式也迅速带到了日本，于 2020 年 7 月在日本百货店的电商平台也尝试了直播销售。我觉得将来中国市场会更多地变成世界创新的据点。

为了更好地满足中国消费者的需求，我们增雇了中国本土的营销人员，因为他们是最了解中国消费者需求的人。为了使中国消费者能够更好地理解品牌的价值观，在线下有优质的体验，我们还加大了在线下的投资。除此之外，我们还加强了和阿里巴巴的合作，推动品牌在线上的推广与营销。我们还扩大了上海研发中心的规模。资生堂在中国的研发中心已经成为资生堂全球第二大研发中心。

Q: 你认为现在中国的线上销售和日本有什么不同？

U: 中国的线上销售主要依靠大数据，并根据数据分析的结果，迅速更新推广和销售决策，接着利用 KOL 的影响力做线上销售。而日本的线上销售更接近于网页运营，日本的消费者还是更习惯于在线下店铺试用和购买。我们在日本也正在尝试让资生堂的美容顾问在线上对着镜头为大家提供咨询服务、讲解产品。由于这里的美容顾问大多不适应面对镜头讲解，所以我们花了大量的时间和精力培训。而在中国，不但是美容顾问，连消费者都很愿意面对镜头和大家分享产品的使用感受，对我们来说线上推广相对更容易一些。

Q: 很多中国公司在摸索"百年企业"的经营之道。就资生堂而言，你认为一家企业存续百年的关键是什么？

U: 我认为最重要的是企业的存在价值。当然从商业角度来说，销售额、利润、股东利益等也很重要，但是更核心的是企业对人类和社会带来的价值。我们把它称为"Mission"。对于资生堂来说，出售化妆品并不是我们的"Mission"，让大家变得更美更自信，使大家感到幸福才是我们的存在价值。而化妆品只是我们实现企业价值的媒介。我们会让所有的管理层、员工和供应商都理解资生堂的"Mission"，并且将其融入每天的工作中。2022 年是资生堂创立 150 周年。在这 150 年里，我们的"Mission"没有改变，这一点未来也不会变化。

其次，企业的品牌形象也很重要。大家谈起资生堂，看到资生堂的 logo，立刻联想到这是一个让人拥有幸福感、使人变得更美更自信的企业——这是企业的品牌价值，对一个企业的存续也至关重要。

资生堂销售额与营业利润变化

● 销售额 ● 营业利润　单位: 亿日元

| | 6777 | 7620 | 7777 | 7631 | 8503 | 10051 | 10948 | 11315 | 9209 |
| | 260 | 496 | 276 | 377 | 368 | 804 | 1084 | 1138 | 150 |

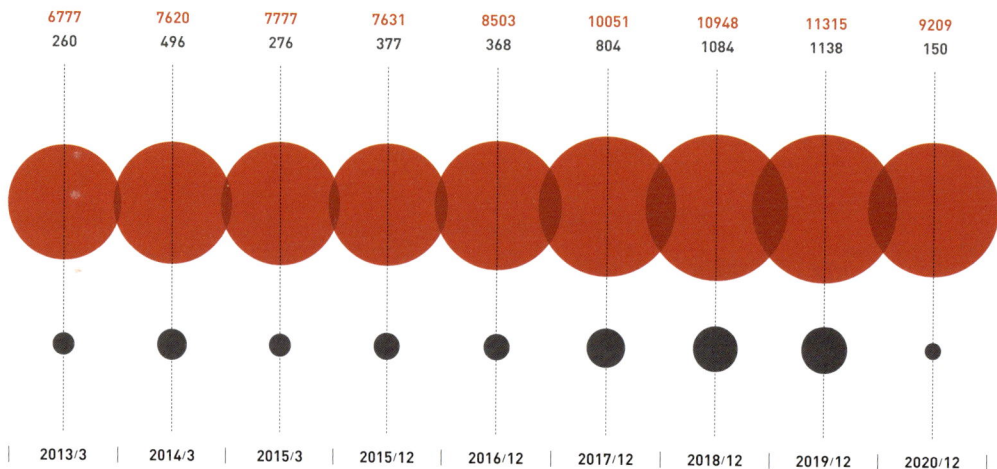

| 2013/3 | 2014/3 | 2015/3 | 2015/12 | 2016/12 | 2017/12 | 2018/12 | 2019/12 | 2020/12 |

注: 小数位采用四舍五入方式计算。2015 年 12 月起, 资生堂决算日期从 3 月变更至 12 月。

数据来源: 资生堂 2020 年度连结财务报表。

资生堂不同事业领域销售占比

● 日本　● 中国　● 亚太区　● 美洲　● 欧洲　● 旅游零售　● PROFESSIONAL 事业领域　● 其他　单位: 亿日元

| | 4076 1205 496 | 4310 1443 542 1404 | 4546 1908 681 1317 | 4310 2162 698 1230 | 3030 2358 592 914 |
| | 1626 852 248 | 1284 445 480 143 | 1132 876 203 285 | 1184 1228 147 356 | 943 985 128 259 |

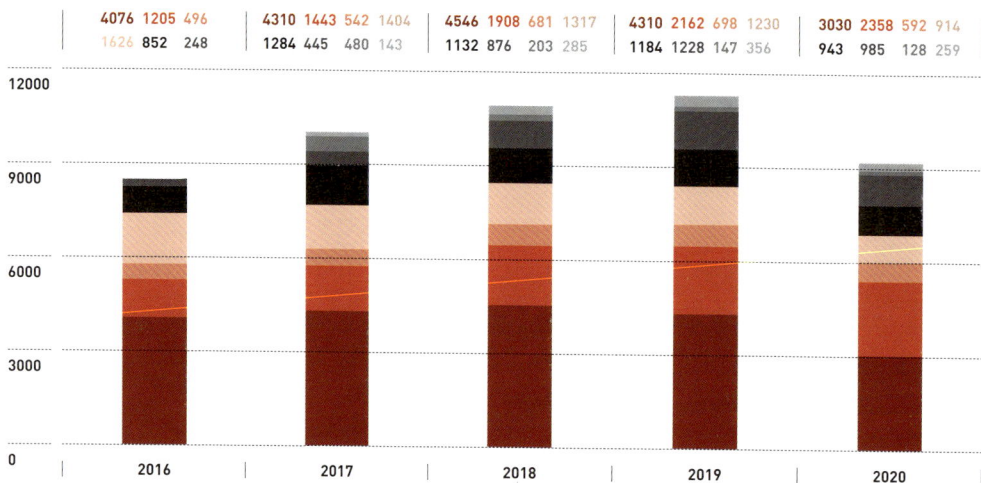

| 2016 | 2017 | 2018 | 2019 | 2020 |

*注: 2020 年开始, 资生堂业绩板块划分有一定变化:
①机场免税店业务营收划归 "旅游零售" 板块, THE GINZA 品牌业务营收划归 "其他" 板块。②曾计入美洲业绩的 Bare Escentuals 日本业务, 以及 Technology Acceleration Hub 业务营收, 计入 "其他" 板块。③曾划归日本地区的怡丽丝尔与安耐晒营收计入 "其他" 板块。

数据来源: 资生堂 2016 — 2020 年度财报。

资生堂不同品类产品销售占比

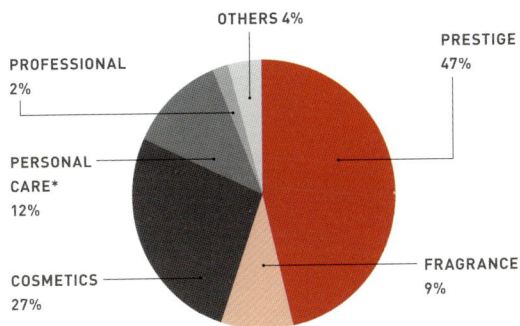

OTHERS 4%

PROFESSIONAL 2%

PRESTIGE 47%

PERSONAL CARE* 12%

COSMETICS 27%

FRAGRANCE 9%

● **PRESTIGE：**百货店或化妆品专卖店等需要通过销售顾问咨询购买的高价格带化妆品。包括 SHISEIDO、Clé de Peau Beauté（肌肤之钥）、IPSA、LAURA MERCIER、bareMinerals、DRUNK ELEPHANT、BENEFIQUE 等品牌。

● **FRAGRANCE：**与知名品牌和设计师合作的高价格带香水系列。合作方包括 Dolce & Gabbana、ISSEY MIYAKE、narciso rodriguez、TORY BURCH 等品牌。

● **COSMETICS：**在以药妆店或者超市等渠道为中心的顾客可以自选商品的销售渠道销售的中低价格带化妆品。根据不同品牌，市场、渠道特性，有时也会配置销售顾问。包括 ELIXIR（怡丽丝尔）、ANESSA（安耐晒）、MAQuillAGE（心机彩妆）、HAKU、d program（安肌心语）、REVITAL、PRIOR、AQUA LABEL、INTEGRATE、AUPRES（欧泊莱）等品牌。

● **PERSONAL CARE：**以药妆店或者超市等渠道为中心的低价格带护肤产品、洗发护发产品与身体护理产品等。包括：SENKA（珊珂）、TSUBAKI（丝蓓绮）等。

● **PROFESSIONAL：**面向美发店渠道的头发护理与造型产品、烫染剂等。主要是 SHISEIDO Professional 品牌。

● **OTHERS：**如 SHISEIDO PARLOUR 等品牌。

*注：2021 年 2 月，资生堂已将个人护理（Personal Care）业务转让给欧洲投资基金 CVC Capital Partners。资生堂和相关子公司将先通过公司分立（吸收分立）模式设立新公司，让新公司承继个人护理业务，再将新公司股份转让给由 CVC Asia Pacific Limited 提供投资支持的基金所设立的 Oriental Beauty Holding 公司。此后，资生堂将收购 OBH 母公司 Asian Personal Care Holding 公司 35% 的股份。该笔交易金额达到 1600 亿日元（约合 98 亿元人民币）涉及品牌包括：吾诺（UNO）、珊珂（SENKA）、丝蓓绮（TSUBAKI）、AG DEO24、SEA BREEZE、MA CHERIE、惠润（SUPER MILD）、FINO、可悠然（KUYURA）和水之密语（AQUAIR）。

数据来源：资生堂 2020 年度财报。

1872

公司成立年份

120

进入约 120 个国家与地区的市场

4.6万人

约 4.6 万名公司员工*

>60%

护肤产品销售占总销售额比例

25%

电商销售额占总销售额比例

*注：包含正式社员与派遣社员，不包括临时员工。

数据来源：资生堂 2020 年度财报，FACTS & FIGURES。

231

全球化妆品市场规模变化

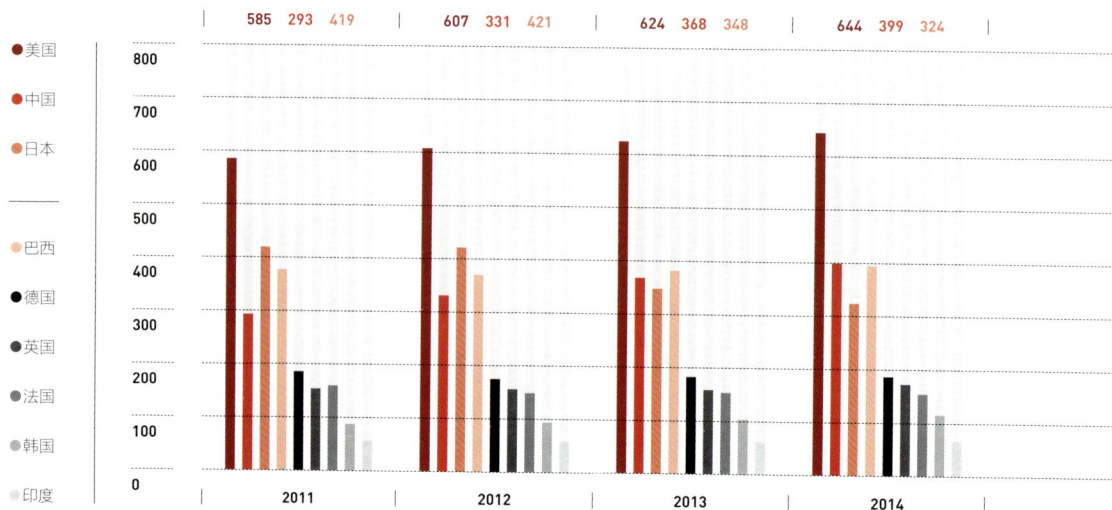

注：中国统计数据不包括台湾地区与香港地区。

数据来源：《2020 年度化妆品产业动向调查书》，2021，日本独立行政法人制品评价技术基盘机构（NITE）。

资生堂各业务线在不同市场的占比

● 皮肤护理 ● 彩妆 ● 香水 ● 头发护理 ● 男性化妆品

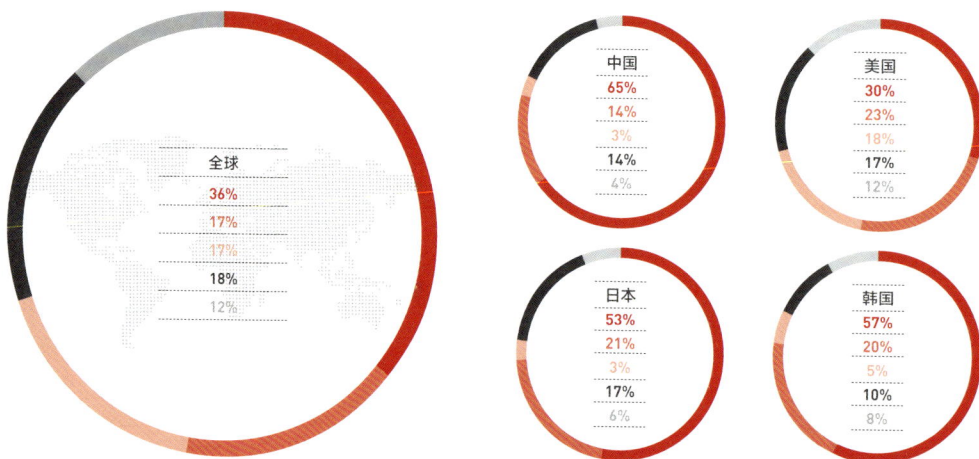

数据来源：《2020 年度化妆品产业动向调查书》，2021，日本独立行政法人制品评价技术基盘机构（NITE）。

单位：亿美元

| | 674 | 419 | 290 | | 705 | 416 | 329 | | 734 | 452 | 328 | | 761 | 521 | 341 | | 777 | 572 | 350 |

2015　　　　2016　　　　2017　　　　2018　　　　2019

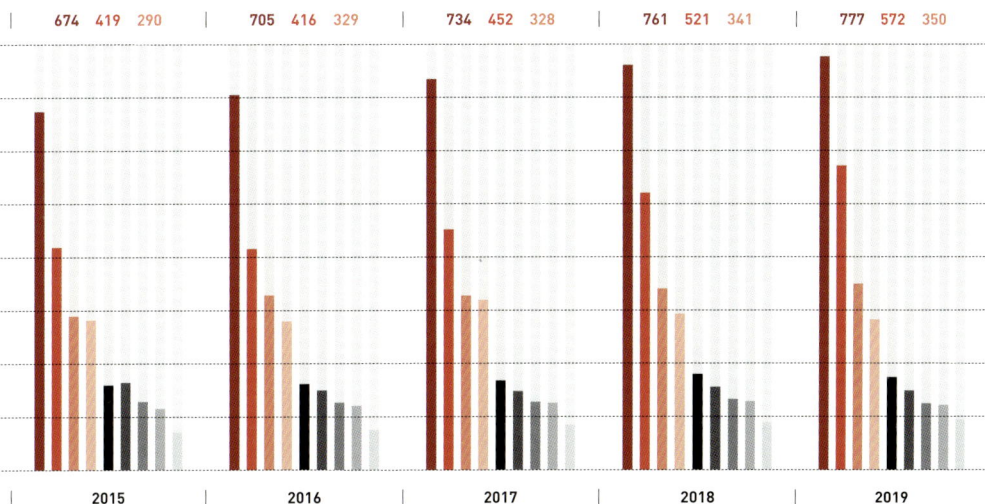

2020 年全球美妆公司 TOP 10　　　　　　　　　　　　指标/单位：年度收入/亿美元

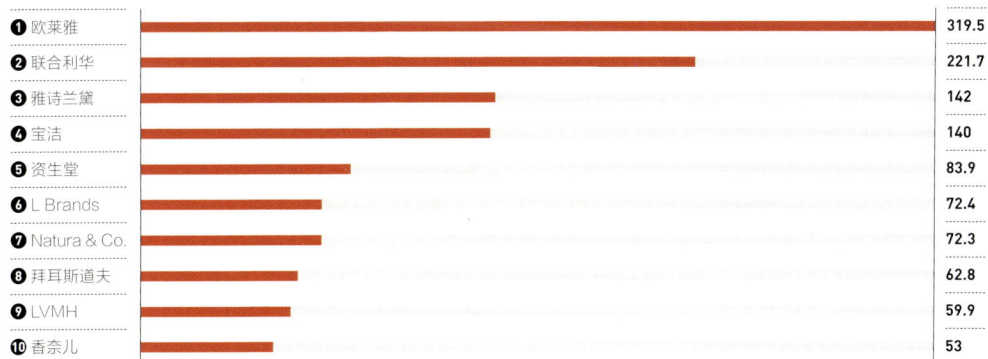

排名	公司	年度收入
❶	欧莱雅	319.5
❷	联合利华	221.7
❸	雅诗兰黛	142
❹	宝洁	140
❺	资生堂	83.9
❻	L Brands	72.4
❼	Natura & Co.	72.3
❽	拜耳斯道夫	62.8
❾	LVMH	59.9
❿	香奈儿	53

注：各品牌中英文对应或详细子品牌参见列表：欧莱雅（L'Oréal），联合利华（Unilever），雅诗兰黛（The Estée Lauder Companies），宝洁（Procter & Gamble），资生堂（SHISEIDO），L Brands（包括 Victoria's Secret、Bath & Body Works），Natura & Co.（包括 The Body Shop、Aesop、Avon International 和主要巴西品牌），拜耳斯道夫（Beiersdorf，包括 Nivea、Eucerin、La Prairie），LVMH（包括 Sephora、Parfums Christian Dior、Guerlain、Givenchy），香奈儿（Chanel）。

数据来源：WWD Beauty Inc Top 100 rankings for 2020。

图书在版编目（CIP）数据

你不了解的资生堂 / 赵慧 主编. — 北京：东方出版社，2021.12

ISBN 978-7-5207-2401-2

Ⅰ.①你… Ⅱ.①赵… Ⅲ.①化妆品工业－工业企业
管理－经验－日本 Ⅳ.①F431.367

中国版本图书馆CIP数据核字（2021）第195781号

你不了解的资生堂
（NI BU LIAOJIE DE ZISHENGTANG）

主　　编：赵　慧
出版统筹：吴玉萍　李耀辉
责任编辑：王夕月　郑佳雨
责任审校：谷轶波
出　　版：东方出版社
发　　行：人民东方出版传媒有限公司
地　　址：北京市西城区北三环中路6号
邮　　编：100120
印　　制：北京印刷集团有限责任公司印刷一厂
版　　次：2021年12月第1版
印　　次：2021年12月第1次印刷
开　　本：787毫米×1092毫米 1/16
印　　张：15
字　　数：120千字
书　　号：ISBN 978-7-5207-2401-2
定　　价：69.00元
发行电话：（010）85924663 85924644 85924641

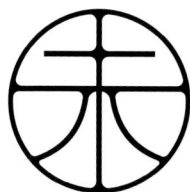

DREAMLABO
未来预想图